民事诉讼法

修改条文对照与适用要点

最高人民法院民事诉讼法修改起草小组／编著

法律出版社
LAW PRESS · CHINA
北京

图书在版编目(CIP)数据

民事诉讼法修改条文对照与适用要点 / 最高人民法院民事诉讼法修改起草小组编著. -- 北京 : 法律出版社, 2022

ISBN 978-7-5197-6501-9

Ⅰ. ①民… Ⅱ. ①最… Ⅲ. ①民事诉讼法－法律解释－中国 Ⅳ. ①D925.104

中国版本图书馆 CIP 数据核字(2022)第 038024 号

民事诉讼法修改条文对照与适用要点
MINSHI SUSONGFA XIUGAI TIAOWEN DUIZHAO YU SHIYONG YAODIAN

最高人民法院民事诉讼法修改起草小组 编著

策划编辑 许 睿
责任编辑 许 睿 朱颖超
装帧设计 汪奇峰

出版发行 法律出版社
编辑统筹 司法实务出版分社
责任校对 朱铁佳
责任印制 胡晓雅
经　　销 新华书店

开本 A5
印张 9.75　**字数** 203 千
版本 2022 年 3 月第 1 版
印次 2022 年 3 月第 1 次印刷
印刷 北京中科印刷有限公司

地址:北京市丰台区莲花池西里 7 号(100073)
网址:www.lawpress.com.cn
投稿邮箱:info@lawpress.com.cn
举报盗版邮箱:jbwq@lawpress.com.cn
销售电话:010-83938349
客服电话:010-83938350
咨询电话:010-63939796

书号:ISBN 978-7-5197-6501-9　**定价**:65.00 元

凡购买本社图书,如有印装错误,我社负责退换。电话:010-83938349

编 委 会

编写说明

《中华人民共和国民事诉讼法》（以下简称民事诉讼法）是规范民事诉讼程序的重要准则，也是人民法院民事审判、执行工作在程序方面的基本法律依据。2021 年 12 月 24 日，第十三届全国人民代表大会常务委员会第三十二次会议审议通过《关于修改〈中华人民共和国民事诉讼法〉的决定》（以下简称民事诉讼法修改决定），对民事诉讼法作出第四次修改。

从性质上看，本次修改民事诉讼法，是第十三届全国人民代表大会常务委员会第十五次会议授权最高人民法院组织开展为期两年的民事诉讼程序繁简分流改革试点工作后作出的一次专项修改。作为该项改革试点工作的牵头组织单位，最高人民法院于 2021 年 10 月提出“提请审议民事诉讼法修正草案的议案”，经全国人大常委会“两读”审议和调整完善后正式通过。

修改后的民事诉讼法，新增 7 个条文，修改调整 26 个条文，其中 13 处是为与《中华人民共和国民法典》相关规定表述衔接一致，另外 20 处均与上述试点工作相关。修改内容聚焦优化司法确认程序、完善简易程序及小额诉讼程序、扩大独任制适用范围、完善在线诉讼及送达规则等，着力从制度层面优化诉讼程序规则，促进司法资源合理配置，强化信息技术应用支撑，构建“繁简分流、轻重分离、快慢分道”的民事诉讼程序体系。

修改后的民事诉讼法正式施行后，最高人民法院第一时间印发关于认真学习贯彻《全国人民代表大会常务委员会关于修改〈中华人民共和国民事诉讼法〉的决定》的通知，要求做好民事诉讼法修改决定的学习、培训和宣传工作，同时还就修法前后相关事项的衔接问题作出明确规定。修改后的民事诉讼法已于2022年1月1日正式施行，广大实务工作者、法学研究工作者等社会各界均期盼最高人民法院加强宣传解读，阐释立法背景原意，强化规则适用指引，确保民事诉讼法正确平稳实施。

为有效回应实践需求，帮助广大实务工作者和法学研究工作者尽快熟悉和掌握修改后民事诉讼法的新程序、新规则，最高人民法院组织参与试点方案和法律修改起草工作的骨干力量，编写了《民事诉讼法修改条文对照与适用要点》（以下简称《适用要点》）一书。本书的主要编写目的是：第一，方便社会各界全面准确掌握本次民事诉讼法修改的具体内容和条文含义；第二，及时回应解决各地在贯彻落实新修改的民事诉讼法过程中遇到的新情况、新问题，为规范开展民事诉讼活动提供权威的实践指引；第三，提供关于本次法律修改的基础素材，便于法学研究者全面理解本次修法工作的总体背景、价值取向和推进过程。

《适用要点》紧扣新修改的民事诉讼法条文，立足司法实践现实需求，在内容设置上主要体现了以下五个方面的特色：

一是提供新民事诉讼法权威文本。《适用要点》收录了民事诉讼法修改决定、修改后的民事诉讼法全文，专门制作了《〈中华人民共和国民事诉讼法〉修正条文前后对照表》，细致梳理和全景呈现本次修法内容，便于读者一目了然把握修改条文前后变化。

二是精准解读修改条文内容含义。《适用要点》结合相关条文起草过程中的主要考虑和争议焦点，逐条提炼修改要点，提供条文释义，阐明修改目的和意义，帮助读者正确理解修改条文的内涵和精神。

三是回应司法实践重点难点。《适用要点》结合试点期间和各地理解适用新民事诉讼法期间反映的重点问题，针对司法确认申请案件范围和管辖规则，小额诉讼程序的适用标准、审理方式和程序转换，独任制适用的范围、条件和转换机制，在线诉讼的效力范围和适用条件等方面，逐一明确适用要点，强化对司法实践的规则指引。

四是注释待修改司法解释条文。本次修法调整完善相关程序规则后，《最高人民法院关于适用〈中华人民共和国民事诉讼法〉的解释》（以下简称《民事诉讼法司法解释》）的部分规定已与现行民事诉讼法的规定不一致，并需要增补相关内容，司法解释引用的民事诉讼法条文序号也需做相应调整。《适用要点》逐一梳理、标注《民事诉讼法司法解释》条文，便于各级人民法院正确理解适用司法解释相关条文。

五是汇编新修改条文所涉相关文件。《适用要点》整合汇编了与修法和试点工作相关的重要司法解释和政策文件，包括《人民法院在线诉讼规则》《人民法院在线调解规则》《人民法院在线运行规则》《最高人民法院关于人民法院特邀调解的规定》等，系统呈现民事诉讼法新修改内容的来龙去脉，提供与新修改条文相关的程序规则，帮助全面深入了解本次修法工作全貌，也便于查询适用相关规则。

贯彻实施好修改后的民事诉讼法，是做好民事审判工作的重要前提，是推动人民法院工作高质量发展，履行好促进社会公平正义，保障群众合法权益，维护社会和谐稳定司法职能的内在要求。希望通过《适用要点》一书，各级人民法院能够更加精准把握修改后民事诉讼法的精神和内涵，正确理解适用民事诉讼法条文，充分借鉴吸收民事诉讼程序繁简分流改革试点的成功经验，将严格适用法律和积极探索创新有机结合，不断深化完善案件繁简分流制度机制，统筹兼顾好司法公正与效率，结合自身审判实践特点，探索回应审判实践需求，切实提升民事审判工作的质量、效率和水平，努力开创民事审判工作新局面。

最高人民法院民事诉讼法修改起草小组

2022 年 3 月 5 日

目　　录

全国人民代表大会常务委员会关于修改《中华人民共和国民事诉讼法》的决定

（2021 年 12 月 24 日第十三届全国人民代表大会常务委员会第三十二次会议通过）

第十三届全国人民代表大会常务委员会第三十二次会议决定对《中华人民共和国民事诉讼法》作如下修改：

一、增加一条，作为第十六条："经当事人同意，民事诉讼活动可以通过信息网络平台在线进行。

"民事诉讼活动通过信息网络平台在线进行的，与线下诉讼活动具有同等法律效力。"

二、将第三十九条改为第四十条，第二款修改为："适用简易程序审理的民事案件，由审判员一人独任审理。基层人民法院审理的基本事实清楚、权利义务关系明确的第一审民事案件，可以由审判员一人适用普通程序独任审理。"

三、将第四十条改为第四十一条，增加一款，作为第二款："中级人民法院对第一审适用简易程序审结或者不服裁定提起上诉的第二审民事案件，事实清楚、权利义务关系明确的，经双方当事人同意，可以由审判员一人独任审理。”

四、增加一条，作为第四十二条：“人民法院审理下列民事案件，不得由审判员一人独任审理：

“（一）涉及国家利益、社会公共利益的案件；

“（二）涉及群体性纠纷，可能影响社会稳定的案件；

“（三）人民群众广泛关注或者其他社会影响较大的案件；

“（四）属于新类型或者疑难复杂的案件；

“（五）法律规定应当组成合议庭审理的案件；

“（六）其他不宜由审判员一人独任审理的案件。”

五、增加一条，作为第四十三条：“人民法院在审理过程中，发现案件不宜由审判员一人独任审理的，应当裁定转由合议庭审理。

“当事人认为案件由审判员一人独任审理违反法律规定的，可以向人民法院提出异议。人民法院对当事人提出的异议应当审查，异议成立的，裁定转由合议庭审理；异议不成立的，裁定驳回。”

六、将第八十七条改为第九十条，修改为：“经受送达人同意，人民法院可以采用能够确认其收悉的电子方式送达诉讼文书。通过电子方式送达的判决书、裁定书、调解书，受送达人提出需要纸质文书的，人民法院应当提供。

“采用前款方式送达的，以送达信息到达受送达人特定系统的日期为送达日期。”

七、将第九十二条改为第九十五条，第一款修改为：“受送达人下落不明，或者用本节规定的其他方式无法送达的，公告送达。自发出公告之日起，经过三十日，即视为送达。”

八、将第一百六十一条改为第一百六十四条，修改为：“人民法院适用简易程序审理案件，应当在立案之日起三个月内审结。有特殊情况需要延长的，经本院院长批准，可以延长一个月。”

九、将第一百六十二条改为第一百六十五条，修改为：“基层人民法院和它派出的法庭审理事实清楚、权利义务关系明确、争议不大的简单金钱给付民事案件，标的额为各省、自治区、直辖市上年度就业人员年平均工资百分之五十以下的，适用小额诉讼的程序审理，实行一审终审。

“基层人民法院和它派出的法庭审理前款规定的民事案件，标的额超过各省、自治区、直辖市上年度就业人员年平均工资百分之五十但在二倍以下的，当事人双方也可以约定适用小额诉讼的程序。”

十、增加一条，作为第一百六十六条：“人民法院审理下列民事案件，不适用小额诉讼的程序：

“（一）人身关系、财产确权案件；

“（二）涉外案件；

“（三）需要评估、鉴定或者对诉前评估、鉴定结果有异议的案件；

“（四）一方当事人下落不明的案件；

“（五）当事人提出反诉的案件；

“（六）其他不宜适用小额诉讼的程序审理的案件。”

十一、增加一条，作为第一百六十七条：“人民法院适用小额诉讼的程序审理案件，可以一次开庭审结并且当庭宣判。”

十二、增加一条，作为第一百六十八条：“人民法院适用小额诉讼的程序审理案件，应当在立案之日起两个月内审结。有特殊情况需要延长的，经本院院长批准，可以延长一个月。”

十三、增加一条，作为第一百六十九条：“人民法院在审理过程中，发现案件不宜适用小额诉讼的程序的，应当适用简易程序的其他规定审理或者裁定转为普通程序。

“当事人认为案件适用小额诉讼的程序审理违反法律规定的，可以向人民法院提出异议。人民法院对当事人提出的异议应当审查，异议成立的，应当适用简易程序的其他规定审理或者裁定转为普通程序；异议不成立的，裁定驳回。”

十四、将第一百六十九条改为第一百七十六条，第一款修改为：“第二审人民法院对上诉案件应当开庭审理。经过阅卷、调查和询问当事人，对没有提出新的事实、证据或者理由，人民法院认为不需要开庭审理的，可以不开庭审理。”

十五、将第一百九十四条改为第二百零一条，修改为：“经依法设立的调解组织调解达成调解协议，申请司法确认的，由双方当事人自调解协议生效之日起三十日内，共同向下列人民法院提出：

“（一）人民法院邀请调解组织开展先行调解的，向作出邀请的人民法院提出；

“（二）调解组织自行开展调解的，向当事人住所地、标的物所在地、调解组织所在地的基层人民法院提出；调解协议所涉纠纷应当由中级人民法院管辖的，向相应的中级人民法院提出。”

十六、将第十三条中的“诚实信用”修改为“诚信”；将第四十六条、第一百三十七条、第一百四十一条中的“审判长”修改为“审判长或者独任审判员”；将第八十二条中的“节假日”修改为“法定休假日”；将第一百零六条、第一百五十一条、第二百零六条、第二百五十七条中的“抚育费”修改为“抚养费”；将第一百二十八条中的“合议庭组成人员”修改为“审判人员”；将第一百四十九条中的“由本院院长批准”修改为“经本院院长批准”；将第一百八十四条、第一百八十五条中的“意外事故”修改为“意外事件”；将第一百八十七条中的“其近亲属或者其他利害关系人”修改为“利害关系人或者有关组织”；将第一百九十条中的“或者他的监护人”修改为“本人、利害关系人或者有关组织”；将第一百九十三条中的“民法通则”修改为“民法典”；将第一百九十六条中的“物权法”修改为“民法典”；将第二百三十九条中的“从规定的每次履行期间的最后一日起计算”修改为“从最后一期履行期限届满之日起计算”。

本决定自2022年1月1日起施行。

《中华人民共和国民事诉讼法》根据本决定作相应修改并对条文顺序作相应调整，重新公布。

《中华人民共和国民事诉讼法》修正条文前后对照表

修正前 （阴影部分为修改或删除内容）	修正后 （黑体部分为修改或增加内容）
第一编　总　　则	**第一编　总　　则**
第一章　任务、适用范围和基本原则	**第一章　任务、适用范围和基本原则**
第十三条　民事诉讼应当遵循诚实信用原则。 当事人有权在法律规定的范围内处分自己的民事权利和诉讼权利。	**第十三条**　民事诉讼应当遵循**诚信**原则。 当事人有权在法律规定的范围内处分自己的民事权利和诉讼权利。
	第十六条　经当事人同意，民事诉讼活动可以通过信息网络平台在线进行。

续表

修正前 （阴影部分为修改或删除内容）	修正后 （黑体部分为修改或增加内容）
	民事诉讼活动通过信息网络平台在线进行的，与线下诉讼活动具有同等法律效力。
第三章　审判组织	第三章　审判组织
第三十九条　人民法院审理第一审民事案件，由审判员、陪审员共同组成合议庭或者由审判员组成合议庭。合议庭的成员人数，必须是单数。 适用简易程序审理的民事案件，由审判员一人独任审理。 陪审员在执行陪审职务时，与审判员有同等的权利义务。	**第四十条**　人民法院审理第一审民事案件，由审判员、陪审员共同组成合议庭或者由审判员组成合议庭。合议庭的成员人数，必须是单数。 适用简易程序审理的民事案件，由审判员一人独任审理。**基层人民法院审理的基本事实清楚、权利义务关系明确的第一审民事案件，可以由审判员一人适用普通程序独任审理。** 陪审员在执行陪审职务时，与审判员有同等的权利义务。

续表

修正前 （阴影部分为修改或删除内容）	修正后 （黑体部分为修改或增加内容）
第四十条　人民法院审理第二审民事案件，由审判员组成合议庭。合议庭的成员人数，必须是单数。 发回重审的案件，原审人民法院应当按照第一审程序另行组成合议庭。 审理再审案件，原来是第一审的，按照第一审程序另行组成合议庭；原来是第二审的或者是上级人民法院提审的，按照第二审程序另行组成合议庭。	**第四十一条**　人民法院审理第二审民事案件，由审判员组成合议庭。合议庭的成员人数，必须是单数。 **中级人民法院对第一审适用简易程序审结或者不服裁定提起上诉的第二审民事案件，事实清楚、权利义务关系明确的，经双方当事人同意，可以由审判员一人独任审理。** 发回重审的案件，原审人民法院应当按照第一审程序另行组成合议庭。 审理再审案件，原来是第一审的，按照第一审程序另行组成合议庭；原来是第二审的或者是上级人民法院提审的，按照第二审程序另行组成合议庭。

续表

修正前 （阴影部分为修改或删除内容）	修正后 （黑体部分为修改或增加内容）
	第四十二条　人民法院审理下列民事案件，不得由审判员一人独任审理： **（一）涉及国家利益、社会公共利益的案件；** **（二）涉及群体性纠纷，可能影响社会稳定的案件；** **（三）人民群众广泛关注或者其他社会影响较大的案件；** **（四）属于新类型或者疑难复杂的案件；** **（五）法律规定应当组成合议庭审理的案件；** **（六）其他不宜由审判员一人独任审理的案件。**
	第四十三条　人民法院在审理过程中，发现案件不宜由审判员一人独任审理的，应当裁定转由合议庭审理。

续表

修正前（阴影部分为修改或删除内容）	修正后（黑体部分为修改或增加内容）
	当事人认为案件由审判员一人独任审理违反法律规定的，可以向人民法院提出异议。人民法院对当事人提出的异议应当审查，异议成立的，裁定转由合议庭审理；异议不成立的，裁定驳回。
第四十六条　院长担任审判长时的回避，由审判委员会决定；审判人员的回避，由院长决定；其他人员的回避，由审判长决定。	**第四十九条**　院长担任审判长**或者独任审判员**时的回避，由审判委员会决定；审判人员的回避，由院长决定；其他人员的回避，由审判长**或者独任审判员**决定。
第七章　期间、送达	**第七章　期间、送达**
第八十二条　期间包括法定期间和人民法院指定的期间。 期间以时、日、月、年计算。期间开始的时和日，不计算在期间内。	**第八十五条**　期间包括法定期间和人民法院指定的期间。 期间以时、日、月、年计算。期间开始的时和日，不计算在期间内。

续表

修正前 （阴影部分为修改或删除内容）	修正后 （黑体部分为修改或增加内容）
期间届满的最后一日是节假日的，以节假日后的第一日为期间届满的日期。 期间不包括在途时间，诉讼文书在期满前交邮的，不算过期。	期间届满的最后一日是**法定休假日**的，以**法定休假日**后的第一日为期间届满的日期。 期间不包括在途时间，诉讼文书在期满前交邮的，不算过期。
第八十七条　经受送达人同意，人民法院可以采用传真、电子邮件等能够确认其收悉的方式送达诉讼文书，但判决书、裁定书、调解书除外。 采用前款方式送达的，以传真、电子邮件等到达受送达人特定系统的日期为送达日期。	**第九十条**　经受送达人同意，人民法院可以采用能够确认其收悉的**电子**方式送达诉讼文书。**通过电子方式送达的判决书、裁定书、调解书，受送达人提出需要纸质文书的，人民法院应当提供。** 采用前款方式送达的，以**送达信息**到达受送达人特定系统的日期为送达日期。

续表

修正前 （阴影部分为修改或删除内容）	修正后 （黑体部分为修改或增加内容）
第九十二条　受送达人下落不明，或者用本节规定的其他方式无法送达的，公告送达。自发出公告之日起，经过六十日，即视为送达。 公告送达，应当在案卷中记明原因和经过。	**第九十五条**　受送达人下落不明，或者用本节规定的其他方式无法送达的，公告送达。自发出公告之日起，经过**三十日**，即视为送达。 公告送达，应当在案卷中记明原因和经过。
第九章　保全和先予执行	**第九章　保全和先予执行**
第一百零六条　人民法院对下列案件，根据当事人的申请，可以裁定先予执行： （一）追索赡养费、扶养费、抚育费、抚恤金、医疗费用的； （二）追索劳动报酬的； （三）因情况紧急需要先予执行的。	**第一百零九条**　人民法院对下列案件，根据当事人的申请，可以裁定先予执行： （一）追索赡养费、扶养费、**抚养费**、抚恤金、医疗费用的； （二）追索劳动报酬的； （三）因情况紧急需要先予执行的。

续表

修正前 （阴影部分为修改或删除内容）	修正后 （黑体部分为修改或增加内容）
第二编　审判程序	**第二编　审判程序**
第十二章　第一审普通程序	**第十二章　第一审普通程序**
第二节　审理前的准备	第二节　审理前的准备
第一百二十八条　合议庭组成人员确定后，应当在三日内告知当事人。	**第一百三十一条**　**审判人员**确定后，应当在三日内告知当事人。
第三节　开庭审理	第三节　开庭审理
第一百三十七条　开庭审理前，书记员应当查明当事人和其他诉讼参与人是否到庭，宣布法庭纪律。 开庭审理时，由审判长核对当事人，宣布案由，宣布审判人员、书记员名单，告知当事人有关的诉讼权利义务，询问当事人是否提出回避申请。	**第一百四十条**　开庭审理前，书记员应当查明当事人和其他诉讼参与人是否到庭，宣布法庭纪律。 开庭审理时，由审判长**或者独任审判员**核对当事人，宣布案由，宣布审判人员、书记员名单，告知当事人有关的诉讼权利义务，询问当事人是否提出回避申请。

续表

修正前 （阴影部分为修改或删除内容）	修正后 （黑体部分为修改或增加内容）
第一百四十一条 法庭辩论按照下列顺序进行： （一）原告及其诉讼代理人发言； （二）被告及其诉讼代理人答辩； （三）第三人及其诉讼代理人发言或者答辩； （四）互相辩论。 法庭辩论终结，由审判长按照原告、被告、第三人的先后顺序征询各方最后意见。	**第一百四十四条** 法庭辩论按照下列顺序进行： （一）原告及其诉讼代理人发言； （二）被告及其诉讼代理人答辩； （三）第三人及其诉讼代理人发言或者答辩； （四）互相辩论。 法庭辩论终结，由审判长**或者独任审判员**按照原告、被告、第三人的先后顺序征询各方最后意见。
第一百四十九条 人民法院适用普通程序审理的案件，应当在立案之日起六个月内审结。有特殊情况需要延长的，由本院院长批准，可以延长六个月；还需要延长的，报请上级人民法院批准。	**第一百五十二条** 人民法院适用普通程序审理的案件，应当在立案之日起六个月内审结。有特殊情况需要延长的，**经**本院院长批准，可以延长六个月；还需要延长的，报请上级人民法院批准。

续表

修正前 （阴影部分为修改或删除内容）	修正后 （黑体部分为修改或增加内容）
第四节　诉讼中止和终结	第四节　诉讼中止和终结
第一百五十一条　有下列情形之一的，终结诉讼： （一）原告死亡，没有继承人，或者继承人放弃诉讼权利的； （二）被告死亡，没有遗产，也没有应当承担义务的人的； （三）离婚案件一方当事人死亡的； （四）追索赡养费、扶养费、抚育费以及解除收养关系案件的一方当事人死亡的。	**第一百五十四条**　有下列情形之一的，终结诉讼： （一）原告死亡，没有继承人，或者继承人放弃诉讼权利的； （二）被告死亡，没有遗产，也没有应当承担义务的人的； （三）离婚案件一方当事人死亡的； （四）追索赡养费、扶养费、**抚养费**以及解除收养关系案件的一方当事人死亡的。
第十三章　简易程序	**第十三章　简易程序**
第一百六十一条　人民法院适用简易程序审理案件，应当在立案之日起三个月内审结。	**第一百六十四条**　人民法院适用简易程序审理案件，应当在立案之日起三个月内审结。**有特殊情况需要延长的，经本院院长批准，可以延长一个月。**

续表

修正前 （阴影部分为修改或删除内容）	修正后 （黑体部分为修改或增加内容）
第一百六十二条　基层人民法院和它派出的法庭审理符合本法第一百五十七条第一款规定的简单的民事案件，标的额为各省、自治区、直辖市上年度就业人员年平均工资百分之三十以下的，实行一审终审。	**第一百六十五条**　基层人民法院和它派出的法庭审理**事实清楚、权利义务关系明确、争议不大的简单金钱给付**民事案件，标的额为各省、自治区、直辖市上年度就业人员年平均工资**百分之五十**以下的，**适用小额诉讼的程序审理，**实行一审终审。 **基层人民法院和它派出的法庭审理前款规定的民事案件，标的额超过各省、自治区、直辖市上年度就业人员年平均工资百分之五十但在二倍以下的，当事人双方也可以约定适用小额诉讼的程序。**
	第一百六十六条　人民法院审理下列民事案件，不适用小额诉讼的程序：

续表

修正前 （阴影部分为修改或删除内容）	修正后 （黑体部分为修改或增加内容）
	（一）人身关系、财产确权案件； **（二）涉外案件；** **（三）需要评估、鉴定或者对诉前评估、鉴定结果有异议的案件；** **（四）一方当事人下落不明的案件；** **（五）当事人提出反诉的案件；** **（六）其他不宜适用小额诉讼的程序审理的案件。**
	第一百六十七条　人民法院适用小额诉讼的程序审理案件，可以一次开庭审结并且当庭宣判。
	第一百六十八条　人民法院适用小额诉讼的程序审理案件，应当在立案之日起两个月内审结。有特殊情况

续表

修正前 （阴影部分为修改或删除内容）	修正后 （黑体部分为修改或增加内容）
	需要延长的，经本院院长批准，可以延长一个月。
	第一百六十九条　人民法院在审理过程中，发现案件不宜适用小额诉讼的程序的，应当适用简易程序的其他规定审理或者裁定转为普通程序。 **当事人认为案件适用小额诉讼的程序审理违反法律规定的，可以向人民法院提出异议。人民法院对当事人提出的异议应当审查，异议成立的，应当适用简易程序的其他规定审理或者裁定转为普通程序；异议不成立的，裁定驳回。**
第十四章　第二审程序	第十四章　第二审程序
第一百六十九条　第二审人民法院对上诉案件，应	第一百七十六条　**第二审人民法院对上诉案件应当**

续表

修正前 （阴影部分为修改或删除内容）	修正后 （黑体部分为修改或增加内容）
当组成合议庭，开庭审理。经过阅卷、调查和询问当事人，对没有提出新的事实、证据或者理由，合议庭认为不需要开庭审理的，可以不开庭审理。 第二审人民法院审理上诉案件，可以在本院进行，也可以到案件发生地或者原审人民法院所在地进行。	**开庭审理**。经过阅卷、调查和询问当事人，对没有提出新的事实、证据或者理由，**人民法院**认为不需要开庭审理的，可以不开庭审理。 第二审人民法院审理上诉案件，可以在本院进行，也可以到案件发生地或者原审人民法院所在地进行。
第十五章　特 别 程 序	**第十五章　特 别 程 序**
第三节　宣告失踪、宣告死亡案件	第三节　宣告失踪、宣告死亡案件
第一百八十四条　公民下落不明满四年，或者因意外事故下落不明满二年，或者因意外事故下落不明，经有关机关证明该公民不可能生存，利害关系人申请宣告其死亡的，向下落不明人住所地基层人民法院提出。	**第一百九十一条**　公民下落不明满四年，或者因**意外事件**下落不明满二年，或者因**意外事件**下落不明，经有关机关证明该公民不可能生存，利害关系人申请宣告其死亡的，向下落不明人住所地基层人民法院提出。

续表

修正前 （阴影部分为修改或删除内容）	修正后 （黑体部分为修改或增加内容）
申请书应当写明下落不明的事实、时间和请求，并附有公安机关或者其他有关机关关于该公民下落不明的书面证明。	申请书应当写明下落不明的事实、时间和请求，并附有公安机关或者其他有关机关关于该公民下落不明的书面证明。
第一百八十五条 人民法院受理宣告失踪、宣告死亡案件后，应当发出寻找下落不明人的公告。宣告失踪的公告期间为三个月，宣告死亡的公告期间为一年。因意外事故下落不明，经有关机关证明该公民不可能生存的，宣告死亡的公告期间为三个月。 公告期间届满，人民法院应当根据被宣告失踪、宣告死亡的事实是否得到确认，作出宣告失踪、宣告死亡的判决或者驳回申请的判决。	**第一百九十二条** 人民法院受理宣告失踪、宣告死亡案件后，应当发出寻找下落不明人的公告。宣告失踪的公告期间为三个月，宣告死亡的公告期间为一年。因**意外事件**下落不明，经有关机关证明该公民不可能生存的，宣告死亡的公告期间为三个月。 公告期间届满，人民法院应当根据被宣告失踪、宣告死亡的事实是否得到确认，作出宣告失踪、宣告死亡的判决或者驳回申请的判决。

续表

修正前 （阴影部分为修改或删除内容）	修正后 （黑体部分为修改或增加内容）
第四节　认定公民无民事行为能力、限制民事行为能力案件	第四节　认定公民无民事行为能力、限制民事行为能力案件
第一百八十七条　申请认定公民无民事行为能力或者限制民事行为能力，由其近亲属或者其他利害关系人向该公民住所地基层人民法院提出。 申请书应当写明该公民无民事行为能力或者限制民事行为能力的事实和根据。	**第一百九十四条**　申请认定公民无民事行为能力或者限制民事行为能力，由**利害关系人或者有关组织**向该公民住所地基层人民法院提出。 申请书应当写明该公民无民事行为能力或者限制民事行为能力的事实和根据。
第一百九十条　人民法院根据被认定为无民事行为能力人、限制民事行为能力人或者他的监护人的申请，证实该公民无民事行为能力或者限制民事行为能力的原因已经消除的，应当作出新判决，撤销原判决。	**第一百九十七条**　人民法院根据被认定为无民事行为能力人、限制民事行为能力人**本人、利害关系人或者有关组织**的申请，证实该公民无民事行为能力或者限制民事行为能力的原因已经消除的，应当作出新判决，撤销原判决。

续表

修正前 （阴影部分为修改或删除内容）	修正后 （黑体部分为修改或增加内容）
第五节　认定财产无主案件	第五节　认定财产无主案件
第一百九十三条　判决认定财产无主后，原财产所有人或者继承人出现，在民法通则规定的诉讼时效期间可以对财产提出请求，人民法院审查属实后，应当作出新判决，撤销原判决。	**第二百条**　判决认定财产无主后，原财产所有人或者继承人出现，在**民法典**规定的诉讼时效期间可以对财产提出请求，人民法院审查属实后，应当作出新判决，撤销原判决。
第六节　确认调解协议案件	第六节　确认调解协议案件
第一百九十四条　申请司法确认调解协议，由双方当事人依照人民调解法等法律，自调解协议生效之日起三十日内，共同向调解组织所在地基层人民法院提出。	**第二百零一条**　**经依法设立的调解组织调解达成调解协议，申请司法确认的，**由双方当事人自调解协议生效之日起三十日内，共同向**下列人民法院提出：** **（一）人民法院邀请调解组织开展先行调解的，向作出邀请的人民法院提出；** **（二）调解组织自行开展调解的，向当事人住所地、**

续表

修正前 （阴影部分为修改或删除内容）	修正后 （黑体部分为修改或增加内容）
	标的物所在地、调解组织所在地的基层人民法院提出；调解协议所涉纠纷应当由中级人民法院管辖的，向相应的中级人民法院提出。
第七节　实现担保物权案件	第七节　实现担保物权案件
第一百九十六条　申请实现担保物权，由担保物权人以及其他有权请求实现担保物权的人依照物权法等法律，向担保财产所在地或者担保物权登记地基层人民法院提出。	**第二百零三条**　申请实现担保物权，由担保物权人以及其他有权请求实现担保物权的人依照**民法典**等法律，向担保财产所在地或者担保物权登记地基层人民法院提出。
第十六章　审判监督程序	**第十六章　审判监督程序**
第二百零六条　按照审判监督程序决定再审的案件，裁定中止原判决、裁定、调解书的执行，但追索赡养费、扶养费、抚育费、抚恤金、医疗费用、劳动报酬等案件，可以不中止执行。	**第二百一十三条**　按照审判监督程序决定再审的案件，裁定中止原判决、裁定、调解书的执行，但追索赡养费、扶养费、**抚养费**、抚恤金、医疗费用、劳动报酬等案件，可以不中止执行。

续表

修正前 （阴影部分为修改或删除内容）	修正后 （黑体部分为修改或增加内容）
第三编　执 行 程 序	第三编　执 行 程 序
第二十章　执行的申请和移送	第二十章　执行的申请和移送
第二百三十九条　申请执行的期间为二年。申请执行时效的中止、中断，适用法律有关诉讼时效中止、中断的规定。 前款规定的期间，从法律文书规定履行期间的最后一日起计算；法律文书规定分期履行的，从规定的每次履行期间的最后一日起计算；法律文书未规定履行期间的，从法律文书生效之日起计算。	**第二百四十六条**　申请执行的期间为二年。申请执行时效的中止、中断，适用法律有关诉讼时效中止、中断的规定。 前款规定的期间，从法律文书规定履行期间的最后一日起计算；法律文书规定分期履行的，**从最后一期履行期限届满之日起计算**；法律文书未规定履行期间的，从法律文书生效之日起计算。
第二十二章　执行中止和终结	第二十二章　执行中止和终结
第二百五十七条　有下列情形之一的，人民法院裁定终结执行： （一）申请人撤销申请的；	**第二百六十四条**　有下列情形之一的，人民法院裁定终结执行： （一）申请人撤销申请的；

续表

修正前 （阴影部分为修改或删除内容）	修正后 （黑体部分为修改或增加内容）
（二）据以执行的法律文书被撤销的； （三）作为被执行人的公民死亡，无遗产可供执行，又无义务承担人的； （四）追索赡养费、扶养费、抚育费案件的权利人死亡的； （五）作为被执行人的公民因生活困难无力偿还借款，无收入来源，又丧失劳动能力的； （六）人民法院认为应当终结执行的其他情形。	（二）据以执行的法律文书被撤销的； （三）作为被执行人的公民死亡，无遗产可供执行，又无义务承担人的； （四）追索赡养费、扶养费、**抚养费**案件的权利人死亡的； （五）作为被执行人的公民因生活困难无力偿还借款，无收入来源，又丧失劳动能力的； （六）人民法院认为应当终结执行的其他情形。

《中华人民共和国民事诉讼法》条文修改说明与适用要点解析

第十三条　民事诉讼应当遵循诚信原则。

当事人有权在法律规定的范围内处分自己的民事权利和诉讼权利。

【修改说明】

本条对原《中华人民共和国民事诉讼法》（以下简称民事诉讼法）第十三条作出修改，将原条文中的“诚实信用”修改为“诚信”。“诚信”是“诚实信用”的简称。这一修改是为与《中华人民共和国民法典》（以下简称民法典）第七条关于诚信原则规定的表述衔接一致。诚信原则，是民事诉讼的基本原则之一，对所有民事诉讼主体和民事诉讼活动均具有指导意义和约束作用。诚信原则要求所有民事主体在从事任何民事活动时（包括行使民事权利、履行民事义务、承担民事责任），都应该诚实、善意，信守自己的承诺。

第十六条　经当事人同意，民事诉讼活动可以通过信息网络平台在线进行。

民事诉讼活动通过信息网络平台在线进行的，与线下诉讼活动具有同等法律效力。

【修改说明】

本条是本次修法新增的条文。本条明确了在线诉讼与线下诉讼具有同等法律效力，要求在线诉讼适用以“当事人同意”为前提条件，首次在立法上确立了在线诉讼的法律地位，为在线诉讼的探索发展拓展了制度空间，有利于满足互联网时代下人民群众日益多元的司法需求，推动民事诉讼制度在互联网时代转型升级。

【适用要点】

本条作为在线诉讼的总括性、效力性规定，被设置在民事诉讼法总则中，在整个民事诉讼制度中具有基础性地位。条文从立法上确认了在线诉讼与线下诉讼并行的诉讼模式，将之作为诉讼基本形态之一。具体而言，本条可从以下四个方面理解和把握。

1. 在线诉讼适用范围具有广泛性。法条未对在线诉讼的适用主体、案件类型和程序环节作出限定，而采用了“民事诉讼活动通过信息网络平台在线进行”的表述。这说明在线诉讼方式既适用于各类诉讼主体、各层级法院，也适用于不同类型的民事案件和诉讼各程序环节；既可以全流程适用，也可以仅在部分诉讼环节适用，在适用范围上具有广泛性。

2. 在线诉讼效力具有等效性。本条明确了在线诉讼与线下诉讼活动具有同等法律效力，即在线诉讼与线下诉讼并行不悖，可以相互替代和转换。已经依法在线完成的诉讼活动，具有确定的法律效力，产生确定的法律后果和约束力，不必在线下重复完成。如果诉讼主体同意在线诉讼，但又不履行诉讼义务，不参与在线诉讼活动，将承担相应的不利后果。例如，当事人无正当理由不按时参加在线庭审或者擅自退出在线诉讼系统，视为“拒不到庭”或者“中途退庭”，人民法院可以按撤诉或者缺席审理。

3. 在线诉讼程序具有规范性。在线诉讼的本质仍然是诉讼活动，并非新创设的程序规范，而是线下诉讼活动的数字化和网络化。因此，在线诉讼活动的开展不能是任意、自由和无序的，必须遵循民事诉讼法中关于权利义务、诉讼流程、行为规范、证据规格、法律效力等方面的规定，所有在线诉讼活动必须依法规范完成。例如，通过视听技术开展在线庭审，不能随意安排庭审流程和减损当事人权利，而应当根据民事诉讼法的规定，依法开展庭前准备、核对当事人身份、告知权利义务、开展法庭调查、法庭辩论、当事人作最后陈述等流程、环节，除法律或司法解释规定相关程序环节可以简化合并外，在线诉讼必须依法、完整、规范地完成各项庭审活动，不得因诉讼平台、载体、环境和方式的改变而违反民事诉讼法的程序规范。

4. 在线诉讼适用的具体条件。本条将“经当事人同意”作为开展在线诉讼的前提，在实践中需注意以下三个方面：

第一，“经当事人同意”的含义。立法上并未要求在线诉讼必须“经双方当事人同意”，因此，这里所述的“经当事人同意”的效力范围一般仅及于自身。一方当事人不同意在线诉讼，不影响其他方当事人选择适用在线诉讼，案件可以采取“同意方当事人线上、不同意方当事人线下”的方式审理。一方当事人要求其他当事人在线下参与诉讼的，按照《人民法院在线诉讼规则》（法释〔2021〕12号）第五条第三款的规定，应当提出具体理由，经人民法院审查理由成立的，可以将相应诉讼环节转为线下进行。

第二，“当事人同意”的情形和法律效果。立法上对“当事人同意”的规定较为原则，实践中有不同的表现形式，既包括明示同意，又包括默示同意，还有部分当事人同意后可能又提出反悔的情形。针对上述情况，应当按照《人民法院在线诉讼规则》第四条、第五条、第六条的规定作出相应处理：（1）当事人主动选择适用在线诉讼的，人民法院可以不再另行征得其同意，相应诉讼环节可以直接在线进行；（2）各方当事人均同意适用在线诉讼的，相应诉讼环节可以在线进行；（3）部分当事人同意适用在线诉讼，部分当事人不同意的，相应诉讼环节可以采取同意方当事人线上、不同意方当事人线下的方式进行；（4）当事人仅主动选择或者同意对部分诉讼环节适用在线诉讼的，人民法院不得推定其对其他诉讼环节均同意适用在线诉讼；（5）当事人已同意对相应诉讼环节适用在线诉讼，但诉讼过程中又反悔的，应当在开展相应诉讼活动前的合理期限内提出。经审查，人民法院认为不存在故意拖延诉讼等不当情形的，相应诉讼环节可以转为线下进行；（6）当事人已同意适用在线诉讼，但无正当理由不参与在线诉讼活动或者不作出相应诉讼行为，也未在合理期限内申请转为线下进行的，应当依照法律和司法解释的相关规定承担相应法律后果。

第三，在线诉讼适用的其他条件。除“当事人同意”外，在线诉讼适用还应当充分考虑案件性质、特点、证据类型、社会关注度、法院技术条件和当事人技术应用能力等诸多方面因素，综合判断适用在线诉讼的必要性、可行性以及适宜在哪些环节适用，灵活采取线上线下相结合的方式，确保案件审理公正高效、规范有序。

第四十条　人民法院审理第一审民事案件，由审判员、陪审员共同组成合议庭或者由审判员组成合议庭。合议庭的成员人数，必须是单数。

适用简易程序审理的民事案件，由审判员一人独任审理。基层人民法院审理的基本事实清楚、权利义务关系明确的第一审民事案件，可以由审判员一人适用普通程序独任审理。

陪审员在执行陪审职务时，与审判员有同等的权利义务。

【修改说明】

本条对原民事诉讼法第三十九条作出修改，明确“基层人民法院审理的基本事实清楚、权利义务关系明确的第一审民事案件，可以由审判员一人适用普通程序独任审理。”本条从制度上解除了民事诉讼第一审程序中独任制与简易程序的严格绑定，建立了普通程序独任制审理模式，并对普通程序独任制的适用范围和条件作出规定。

【适用要点】

本条适度扩大了独任制适用范围，推动了审判组织形式与审理程序的灵活精准匹配，有助于充分发挥独任制和合议制的各自功能和优势。实践中需要注意以下几个方面的问题：

1. 准确把握普通程序独任制的适用标准。普通程序独任制适用于“基本事实清楚、权利义务关系明确”的案件，在案件类型和案由上不作具体限制，实践中需正确理解这一标准的含义和要求。

第一，“基本事实清楚、权利义务关系明确”的内涵。“基本事实清楚”是指案件的核心和关键事实总体清楚，只是需要对部分事实细节或者关联事实作进一步查实，而这些事实的查明需要经过补充举证质证、评估、鉴定、审计、调查取证等程序和环节。“权利义务关系明确”是指案件法律关系清晰明了，有明确的法律规定与之对应，在解释和适用上不存在争议与漏洞。只有当案件同时满足上述两方面条件时，才可以适用普通程序独任制，不能单纯因审限等原因，不当扩大普通程序独任制适用范围。

第二，简易程序、普通程序独任制、普通程序合议制在实践中的判断。简易程序适用于“事实清楚、权利义务关系明确、争议不大”的简单案件；普通程序独任制适用于“基本事实清楚、权利义务关系明确”的案件；其他不符合上述两种情况的复杂案件，需要进一步查清事实，提供证据的，应当适用普通程序合议制。普通程序独任制要求的“基本事实清楚”是介于简易程序“事实清楚”标准和合议制“案情复杂”标准之间的“中间状态”，这种“中间状态”的案件如果适用简易程序，往往因为查明事实耗时较长，导致“审限不足”而转为合议制。因此，对此类案件适用普通程序独任制，能够有效地解决司法资源配置不合理等问题。

关于普通程序合议制的适用条件，民事诉讼法、《中华人民共和国人民陪审员法》（以下简称人民陪审员法）等法律中有明确规定，与普通程序独任制较易作出区分。在实践中需要重点区分的是简易程序和普通程序独任制的适用条件，具体可以考虑以下因素：（1）案件事实的清晰程度，是否存在有待进一步查证的事实；（2）事实查证的难度和方式，是否需要鉴定、评估、审计、调查取证等；（3）当事人之间争议大小，是否就法律要件事实存在重大争议；（4）案件审理难度，是否需开展庭前会议、证据交换、多次开庭等。在实践中应当聚焦案件事实的清晰程度，准确把握简易程序与普通程序独任制在适用条件和标准上的差异。

第三，简易程序转为普通程序独任制的情形。简易程序案件在审理过程中，如果同时满足以下三个方面的条件，应转为普通程序独任制审理：（1）案件存在需要进一步查明的部分事实；（2）查明事实的过程需通过较多的流程环节、较长时间或更为充分的举证、质证、陈述、辩论；（3）待查事实一旦查明，案件不存在法律适用上的疑难问题。简易程序案件转为普通程序独任制的，应严格按照民事诉讼法及相关司法解释有关审理程序转换的要求，以书面或口头裁定的形式，及时告知当事人审理程序变化的相关事项。需要特别强调的是，为避免审判组织为获取审限而适用普通程序独任制，一方面，应当严格简易程序向普通程序独任制转换的审批程序，完善相关监督管理机制，确保"当转则转"；另一方面，对已经延长审限的简易程序案件，原则上不得再转为普通程序独任制，符合法定条件的，应及时组成合议庭审理。

2. 加强普通程序独任制的直接适用。为最大限度地实现司法资源优化配置，提高审判效率，经初步判断，案件符合"基本事实清楚、权利义务关系明确"条件的，应当直接适用普通程序独任制。在实践中，应注意以下两个方面的问题：

第一，关于审理程序和审判组织确定的程序节点。案件审理适用何种审理程序和审判组织，不宜在立案阶段直接确定。实行立案登记制后，因立案阶段主要是对起诉条件作形式审查，对于案件实质"繁简"无法作出精准判断，对于适用何种审理程序和审判组织也就无法做到准确匹配。只有案件分至具体审判组织，经过查阅诉讼和证据材料后，才能确认案件"繁简"程度。因此，实践中应当严格区分"立案标记"和"程序确认"环节，避免因立案阶段直接确定审理程序和审判组织，导致分案后审判组织和审理程序频繁转换。

立案阶段可以综合考虑案件性质、案由、标的额、当事人数量、社会关注程度等因素，对案件可能适用的审理程序和审判组织类型进行初步判断，并标注提示。案件分配至审判组织后，应当先由其审查后，再对审判组织和审理程序进行确认。审判组织认为适用程序不当的，应及时与立案人员充分沟通，一致认为应当调整的，重新明确审理程序和审判组织；不能达成一致意见的，及时报院庭长按程序审批。

第二，直接适用普通程序独任制的主要案件类型。从司法实践和试点情况看，以下几类案件可重点考虑是否直接适用普通程序独任制：（1）部分离婚、继承纠纷。承办人经审查诉讼材料，发现可能需要调查银行账户、有价证券账户、房产状况，或需要进行财产评估等。案件所涉财产线索、调查部门、审批流程较多，耗时较长，如果财产性质、婚姻或继承人之间关系并不复杂，查明事实后依法分割难度不大，可以直接适用普通程序独任制审理。（2）部分医疗纠纷。为查明医疗机构对患者诊疗是否存在过错、与患者损害结果是否具有因果关系等重要事实，有时要进行医疗损害鉴定。法官需在核对病历、确认检材（病历及影像学片、病理资料等）、选定鉴定机构、及时送检等程序性事项上花费较多时间。这类案件若当事人无较大争议，也可以直接适用普通程序独任制审理。（3）部分建设工程合同纠纷。当事人争议往往集中于工程质量、工程造价等事项。这些专业事项的查明，高度依赖建设工程质量鉴定或工程造价鉴定。因建设工程合同履行过程可能涉及招投标文件、合同、图纸、洽商文件、各项审批手续等，鉴定检材亦较为复杂，法官需要大量时间收集、确认双方检材。这类案件若法律适用明确，也无需组成合议庭审理。此外，金融借款合同纠纷、人身损害纠纷、财产损害纠纷中，也都可能存在上述情形。各级法院可以结合本院实际，逐步探索总结普通程序案件适用独任制审理的标准，形成工作指引。

3. 严格按照普通程序要求适用独任制审理案件。普通程序独任制改变的是审判组织形式，而不是审理程序。实践中，仍应当严格按照现行法律关于普通程序的要求，适用普通程序独任制，确保审理前准备、开庭审理、判决和裁定等程序环节的规范性和完整性，不得擅自简化审理程序，改变法定答辩期、举证期、审限等期限，也不得简化法庭调查、法庭辩论等环节，擅自改变普通程序的诉讼收费标准等。

第四十一条　人民法院审理第二审民事案件，由审判员组成合议庭。合议庭的成员人数，必须是单数。

中级人民法院对第一审适用简易程序审结或者不服裁定提起上诉的第二审民事案件，事实清楚、权利义务关系明确的，经双方当事人同意，可以由审判员一人独任审理。

发回重审的案件，原审人民法院应当按照第一审程序另行组成合议庭。

审理再审案件，原来是第一审的，按照第一审程序另行组成合议庭；原来是第二审的或者是上级人民法院提审的，按照第二审程序另行组成合议庭。

【修改说明】

本条对原民事诉讼法第四十条作出修改，增加一款作为第二款，主要包括以下三个方面的内容：

1. 明确第二审程序独任制审理模式（以下简称二审独任制）。对于中级人民法院（含金融法院、知识产权法院等专门人民法院）受理的第二审民事案件，在符合本条规定的案件范围和适用条件的情况下，可以由审判员一人独任审理。

2. 明确二审独任制的案件范围。严格限定二审独任制适用的案件范围，规定只有“第一审适用简易程序审结或者不服裁定提起上诉的第二审民事案件”才可以适用独任制。

3. 明确二审独任制的适用条件。规定二审独任制需满足两个方面的条件：一是案件本身需符合“事实清楚、权利义务关系明确”；二是适用前必须“经双方当事人同意”。

【适用要点】

本条将独任制扩大适用于中级人民法院（含专门人民法院）审理的部分第二审民事案件，是本次修法的重大制度创新，有利于推动第二审案件繁简分流，提升第二审案件审判质效，满足当事人高效解纷需求。实践中需要注意以下几个方面：

1. 二审独任制适用的法院层级。根据本条规定，二审独任制适用的法院层级仅限于中级人民法院。该条中的“中级人民法院”包含了“专门人民法院”，主要包括知识产权法院、金融法院等。未单独列明“专门人民法院”，主要是考虑到民事诉讼法其他相关条文的表述惯例。根据民事诉讼法及相关司法解释关于级别管辖的规定，高级人民法院、最高人民法院受理的第二审案件，均属于标的额巨大、有重大社会影响、疑难复杂的特定类型案件，为确保审理的公正性和权威性，应当组成合议庭审理，同时上述案件的第一审通常由中级以上人民法院管辖，不可能适用简易程序审理，也不符合本条关于二审独任制适用于“第一审适用简易程序审结”的范围。综上，高级人民法院、最高人民法院不得适用二审独任制。

2. 二审独任制的适用范围。为有效实现上诉审的审级监督及纠错功能，第二审案件的审判组织适用应当以合议制为主，二审独任制只适用于“第一审适用简易程序审结的”和“不服裁定提起上诉的”第二审案件。本次修法对二审独任制适用范围采用了严格列举方式，未规定二审独任制适用的弹性条款，对于超出上述两类情形的案件，无论实际上简单与否，均不得适用独任制。

对于“不服裁定提起上诉”的二审民事案件，包括民事诉讼法第一百五十七条第一款第一项至第三项规定的情形，即对“不予受理”“管辖权有异议”“驳回起诉”的裁定提起上诉的案件。对于“第一审适用简易程序审结的”第二审案件，强调以简易程序“审结”，而非仅适用过简易程序。一审案件一旦适用普通程序，不论实际难易程度，上诉后均不得适用二审独任制。例如，上诉针对一审判决数额计算错误，二审只需重新计算；一审判决主文存在笔误，需二审更正；上诉人未缴纳上诉费，二审“视为撤回上诉”等案件，这些案件虽然实质上较为简单，但如果一审适用普通程序审结，二审不得适用独任制。

3. 二审独任制的适用条件。对于符合二审独任制适用范围的案件，也并非绝对适用独任制，而要同时满足“事实清楚、权利义务关系明确”和“双方当事人同意”两个条件。

第一，关于“事实清楚、权利义务关系明确”的判断。实践中，人民法院结合当事人上诉请求，二审提出的事实、证据和理由，一审裁判等情况，综合判断案件是否符合“事实清楚、权利义务关系明确”的标准。对于案件存在当事人提出新事实和新证据、案件事实有待进一步查明、二审需重新鉴定等情形，可能导致案件事实不清，法律适用难度加大的，不得适用独任制。

第二，关于双方当事人同意的认定。为充分保障当事人诉讼权利，确保二审独任制适用的正当性，本条明确了以“双方当事人同意”作为二审独任制适用的前提条件。二审适用独任制前，人民法院应当通过书面或口头方式征求双方当事人意见，征求意见应当在开庭前的合理时间内完成。当事人的同意应为明示的同意，可以通过口头或书面方式作出；口头表示同意的，人民法院应当记录留痕。当事人未明确表示同意的，人民法院不得推定或者变相强制其同意，应视为不同意。仅一方当事人表示同意，或一方当事人明确表示不同意的，均不得适用独任制。

需要特别注意的是，为保障诉讼的连续性、稳定性和权威性，双方当事人同意适用独任制即是对自身的诉讼利益作出处分，产生确定的法律效力，原则上不得反悔。如果认为案件适用独任制违反相关法律规定，可以依法提出异议，经人民法院审查后，确定是否继续适用独任制。

4. 二审独任制适用的程序要求。二审独任制是对第二审案件审判组织作出的新规定，并未改变第二审审判程序。中级人民法院、专门人民法院适用二审独任制，仍应严格遵循民事诉讼法有关第二审程序的相关规定，确保诉讼程序完整规范，不得擅自简化第二审程序内容，禁止调整审理期限、简化开庭程序和不当参照一审简易程序规则等。

第四十二条　人民法院审理下列民事案件，不得由审判员一人独任审理：

（一）涉及国家利益、社会公共利益的案件；

（二）涉及群体性纠纷，可能影响社会稳定的案件；

（三）人民群众广泛关注或者其他社会影响较大的案件；

（四）属于新类型或者疑难复杂的案件；

（五）法律规定应当组成合议庭审理的案件；

（六）其他不宜由审判员一人独任审理的案件。

【修改说明】

本条是本次修法新增的条文，明确了不得适用独任制的案件类型，主要包括涉及重大利益、影响社会稳定、产生广泛社会影响、新类型或疑难复杂、法律规定应当适用合议制等六类案件。本条规定严格限制独任制适用范围，有利于避免实践中独任制适用不当扩大，保障合议制的适用空间。

【适用要点】

本条通过列举方式，对排除适用独任制的情形作出规定。起草过程中，相关内容重点参考了人民陪审员法第十五条、《最高人民法院关于完善人民法院司法责任制的若干意见》第二十四条、《最高人民法院关于进一步完善“四类案件”监督管理工作机制的指导意见》第二条等关于审判组织适用和审判监督管理的规定。本条第一项至四项主要涉及案件实体因素，第五项涉及诉讼类型和程序因素，第六项为兜底条款。实践中，应当结合案件具体情况作出综合判断：

1. 涉及国家利益、社会公众利益的案件。涉及国家利益、社会公共利益的案件关系到国家生存发展的重大问题和广大公民的切身利益，其所涉利益性质特殊、牵涉范围广、社会影响大，具有全局性、普遍性和公众性。此类案件适用的审判组织不能仅考虑案件事实和法律关系的疑难复杂程度，由于其所涉利益特殊而重大，即便形式上为简单案件，仍应当适用合议制审理。实践中，应统筹考虑相关利益的涉及广度、关联深度、覆盖群体、政策依据、政策制定部门和案件审理难度等多重因素，确定适宜的审判组织形式。

2. 涉及群体性纠纷，可能影响社会稳定的案件。所谓群体性纠纷，是指纠纷主体一方或双方为多人以上的特殊性社会纠纷。在确定群体性纠纷的审理程序和审判组织时，不能仅以涉诉当事人的多寡作为判断依据，有的案件看似个案，却有众多潜在当事人，处理稍加不慎则可能影响社会稳定；有的案件虽然涉及众多当事人，但案情简单，也不会引发重大影响，适用独任制也可实现公正审理。对此，为进一步明确涉及群体性纠纷的案件应如何选择审判组织，本条明确案件不仅是涉及群体性纠纷，还可能影响社会稳定的，才不得适用独任制进行审理。实践中，存在下列情形的案件可以认为符合本项标准：（1）当事人人数众多，可能引发群体性事件的；（2）可能或者已经引发社会广泛关注，存在激化社会矛盾风险的；（3）具有示范效应、可能引发后续批量诉讼的；（4）可能对特定行业产业发展、特定群体利益、社会和谐稳定产生较大影响的。需要特别注意的是，实践中，一些案件虽然所涉“人数众多”，如物业纠纷、涉及同一保险公司的交通事故责任纠纷、追索劳动报酬等，但多数为事实清楚、法律关系明确的“串案”“类案”，也不存在群体性事件或激化社会矛盾的风险，可以适用独任制审理。

3. 人民群众广泛关注或者其他社会影响较大的案件。“人民群众广泛关注”是指一定时期内，一定地域或者全国范围内，很多人民群众关注。“社会影响较大”的外延要大于“人民群众广泛关注”，人民群众广泛关注的案件一般是社会影响较大的，但一定时期社会影响较大的案件，可能并不都是人民群众广泛关注的，社会影响较大可能是较短时期内，也可能是较长时期内影响较大，而人民群众广泛关注，还强调了一种持续状态，强调人民群众有意愿进一步了解或者持续关注事件走向和后续发展结果。

4. 属于新类型或者疑难复杂的案件。对案件是否属于“新类型”，应充分结合辖区审判实际判断。例如，一些涉及互联网新业态、金融创新产品的案件，在沿海或经济发达地区基层人民法院较为常见，但在欠发达地区却属于新类型疑难案件。如果案件在本法院辖区内首次出现或不属于常见类型，没有明确可供参考的案例，法律适用难度较大，则属于“新类型”案件，应当组成合议庭审理，充分发挥合议庭集体智慧，最大限度地保障司法公正。

“疑难复杂案件”主要包括以下几类案件：（1）对事实认定或者法律适用存在较大争议的案件，主要指人民法院受案和审理过程中，对案件定性、处理存在较大争议的案件。（2）具有普遍法律适用指导意义的案件，主要指法律、司法解释规定不明确或者司法解释没有规定，需要通过司法裁判进一步明确法律适用的案件。（3）涉及国家安全、外交、民族、宗教等敏感案件。上述案件本身就不符合简易程序、一审普通程序独任制或二审独任制的适用条件，应当组成合议庭进行审理。

5. 法律规定应当组成合议庭审理的案件。民事诉讼法、人民陪审员法及相关司法解释对必须组成合议庭审理的案件均有明确规定，例如：发回重审案件、裁定再审案件、第三人撤销之诉案件、担保财产标的额超过基层人民法院管辖范围的实现担保物权案件、公示催告程序中判决宣告票据无效案件、选民资格案件或者重大疑难的特别程序案件、申请再审案件、检察建议审查案件、申请不予执行仲裁裁决案件、审查执行异议或者复议案件、需要由人民陪审员参加审判的案件等，均应按照法律规定组成合议庭审理或审查。

6. 其他不宜由审判员一人独任审理的案件。考虑到实践中案件类型的多样化和审理情况的复杂性，可能存在无法纳入本条第一项至第五项所列情形，但基于对案件审理稳妥性考虑，更适宜适用合议制审理的案件。因此，人民法院需综合考虑涉诉当事人主体身份、争议大小、对抗程度、关联案件、审理难度、社会效果等因素作出综合判断。

第四十三条　人民法院在审理过程中，发现案件不宜由审判员一人独任审理的，应当裁定转由合议庭审理。

当事人认为案件由审判员一人独任审理违反法律规定的，可以向人民法院提出异议。人民法院对当事人提出的异议应当审查，异议成立的，裁定转由合议庭审理；异议不成立的，裁定驳回。

【修改说明】

本条是本次修法新增的条文，主要明确了以下三个方面的规则：

1. 审判组织的转换机制。明确了“人民法院在审理过程中，发现案件不宜由审判员一人独任审理的，应当裁定转由合议庭审理”。

2. 当事人对审判组织的异议权。规定“当事人认为案件由审判员一人独任审理违反法律规定的，可以向人民法院提出异议”，异议是否成立由人民法院进行审查。

3. 审判组织转换的基本方式。明确审判组织转换应当以裁定方式作出。

【适用要点】

本条对审判组织转换作出了规定，明确了第一审程序、第二审程序中独任制向合议制转换的条件和程序。审判实践中应注意以下几个方面：

1. 审判组织转换和审理程序转换的关系。本次修法后审判组织形式与审理程序类型不再严格绑定，审判组织转换和审理程序转换相对独立，不再是严格对应关系，具体体现为以下三种情况：一是仅转换审理程序，不涉及审判组织转换。包括一审简易程序转为普通程序独任制，案件仍由独任审判员审理，但适用的审理程序从简易程序转为普通程序；二是仅转换审判组织，不涉及审理程序的转换。包括二审独任制转为二审合议制，仍需按照第二审程序审理案件，但适用的审判组织从独任审判员转为合议庭；三是审理程序和审判组织需要同时转换。包括一审简易程序（含小额诉讼程序）转为普通程序合议制，不仅审判组织需要从独任庭转为合议庭，同时也需要将审理程序由简易程序转为普通程序。需要特别注意的是，审判组织的转换只涉及独任制向合议制的转换，对于已经组成合议庭审理的案件，不得再转为独任制，以充分保障当事人诉讼利益，确保案件公正审理。

2. 审判组织转换的启动。审判组织的转换既可以由人民法院依职权主动启动，也可以依据当事人提出的异议并经审查后启动：

第一，人民法院依职权启动审判组织转换。人民法院依职权启动转换的主要包括以下两种情形：一是独任审判员认为案件“不宜由审判员一人独任审理的”，可以主动将案件由独任制转为合议制审理；二是院庭长行使审判监督管理权，认为案件属于“四类案件”情形，不宜由审判员一人独任审理的，可以基于审判监督管理权限，要求将案件转为合议制审理。根据《最高人民法院关于进一步完善“四类案件”监督管理工作机制的指导意见》，“四类案件”主要是指：(1) 重大、疑难、复杂、敏感的；(2) 涉及群体性纠纷或者引发社会广泛关注，可能影响社会稳定的；(3) 与本院或者上级人民法院的类案裁判可能发生冲突的；(4) 有关单位或者个人反映法官有违法审判行为的。

其中，“与本院或者上级人民法院的类案裁判可能发生冲突”主要包括下列案件：与本院或者上级人民法院近三年类案生效裁判可能发生冲突的；与本院正在审理的类案裁判结果可能发生冲突，有必要统一法律适用的；本院近三年类案生效裁判存在重大法律适用分歧，截至案件审理时仍未解决的。之所以明确为近三年，是为了合理确定相关案件的范围，具体时间可以从案件受理之日起算。

“有关单位或者个人反映法官有违法审判行为的”主要包括下列案件：当事人、诉讼代理人、辩护人、利害关系人实名反映参与本案审理的法官有违法审判行为，并提供具体线索的；当事人、诉讼代理人、辩护人实名反映案件久拖不决，经初步核实确属违反审判执行期限管理规定的；有关部门通过审务督察、司法巡查、案件评查、信访接待或者受理举报、投诉等方式，发现法官可能存在违法审判行为，可能或者已经影响司法公正的。需要强调的是，对法官违法审判行为的反映、投诉和举报，须实名提出并提供具体线索，经人民法院初步核实后，认为可能或者已经影响司法公正的，才能纳入“四类案件”监督管理，实践中不能仅因存在投诉、举报就启动相关措施，不当干扰法官依法履职。

第二，当事人提出异议启动审判组织转换。本条第二款明确了当事人对独任制适用的异议权，强化了当事人诉讼权益保障和独任制适用的监督制约。当事人异议权的行使，实践中需注意以下三个方面：一是关于异议的主体。当事人包括原告、被告和第三人，任何一方当事人均可提出异议。人民法院对异议作出处理后，各方当事人均不得再次或另行提出异议。二是关于异议的时间。当事人的异议一般应在开庭审理前提出，转换事由在开庭审理后才发现的，也可以在法庭辩论终结前提出。三是关于异议的方式。当事人提出异议一般应当以书面形式作出，必须载明审判组织转换的具体理由和法律依据。当事人当庭口头提出异议的，应当说明具体理由和法律依据，并记入笔录。

3. 审判组织转换的条件。根据本条规定，人民法院依职权转换审判组织，应当符合案件“不宜由审判员一人独任审理”的条件；当事人对审判组织提出异议，应当符合“案件由审判员一人独任审理违反法律规定”的条件。

第一，关于“不宜由审判员一人独任审理”。主要是指案件审理过程中，发现存在案情疑难复杂、社会影响大，以及其他应当适用合议制审理的情形。例如，一审普通程序独任制案件出现民事诉讼法第四十二条规定的情形，又或不符合“基本事实清楚、权利义务关系明确”的适用条件的，不宜由审判员一人独任审理。

第二，关于“案件由审判员一人独任审理违反法律规定”。“独任审理违反法律规定”主要是指案件违反民事诉讼法第四十条、四十一条有关独任制的适用标准和适用范围，或者符合民事诉讼法第四十二条不得适用独任制情形的。

4. 审判组织转换的形式和程序。为确保审判组织转换的合理性、规范性、严肃性，充分保障当事人对审判组织的知情权、异议权，避免审判组织转换不当造成资源错配或程序违法，应当严格审判组织转换的形式和程序，实践中应当注意以下问题：

第一，审判组织转换应以裁定形式作出。独任制向合议制的转换应当通过裁定方式作出，既可以是书面裁定，也可以是口头裁定，口头裁定的，应如实记入笔录。人民法院认为应当将案件转为合议制审理的，裁定应以合议庭名义作出。转换审判组织的裁定属于不可上诉的裁定，一经作出即生效。

第二，审判组织转换的程序。一些案件所涉利益、规则意义、社会影响在立案时还不明显，一旦审理过程中发现不宜独任审理的情形，人民法院应当裁定从独任制转换为合议制审理。实践中，无论是独任审判员依职权启动，还是基于当事人异议启动，审判组织的转换程序都应格外慎重，原则上应提交合议庭评议。为完善“独转合”机制，相关人民法院应预先明确独任审判员归属的合议庭，或者完善配套调配机制，方便及时组成合议庭审查转换申请。经合议庭评议，决定转由合议庭审理的，裁定以合议庭名义作出；决定驳回异议的，裁定以独任审判员名义作出。相关案件符合“四类案件”标准的，上述决定应报院庭长依职权审核批准。

5. 审判组织转换的效力。审判组织转换前，已经开过庭的，案件转由合议庭审理后，应当再次开庭，审判组织转换前已经依法完成的诉讼行为继续有效，双方当事人已确认的事实，可以不再举证、质证。

第四十九条　院长担任审判长或者独任审判员时的回避，由审判委员会决定；审判人员的回避，由院长决定；其他人员的回避，由审判长或者独任审判员决定。

【修改说明】

本条对原民事诉讼法第四十六条作出修改，将原条文中“审判长”修改为“审判长或者独任审判员”。本次修法扩大了独任制适用范围，明确基层人民法院受理的部分第一审普通程序案件、中级人民法院、专门人民法院受理的部分第二审案件，可以适用独任制审理。本条将当事人有权申请回避的对象修改为“审判长或者独任审判员”，与本次修法关于审判组织的调整相一致，表述更为严谨，充分体现对人民群众诉讼知情权、回避权的保障。

第八十五条　期间包括法定期间和人民法院指定的期间。

期间以时、日、月、年计算。期间开始的时和日，不计算在期间内。

期间届满的最后一日是法定休假日的，以法定休假日后的第一日为期间届满的日期。

期间不包括在途时间，诉讼文书在期满前交邮的，不算过期。

【修改说明】

本条对原民事诉讼法第八十二条作出修改，将原条文中的“节假日”修改为“法定休假日”。这一修改是为与民法典第二百零三条规定衔接一致。“法定休假日”既包括休息日，如周六、周日；也包括节假日，如春节等。

第九十条　经受送达人同意，人民法院可以采用能够确认其收悉的电子方式送达诉讼文书。通过电子方式送达的判决书、裁定书、调解书，受送达人提出需要纸质文书的，人民法院应当提供。

采用前款方式送达的，以送达信息到达受送达人特定系统的日期为送达日期。

【修改说明】

本条对原民事诉讼法第八十七条作出修改，主要修改了以下两个方面：

1. 允许电子送达裁判文书。删除“但判决书、裁定书、调解书除外”的内容，增加“通过电子方式送达判决书、裁定书、调解书，受送达人提出需要纸质裁判文书的，人民法院应当提供”。

2. 拓展电子送达的方式。将“人民法院可以采用传真、电子邮件等能够确认其收悉的方式送达诉讼文书”修改为“人民法院可以采用能够确认其收悉的电子方式送达诉讼文书”。

【适用要点】

本条在遵循“当事人自愿”原则的基础上，加大了电子送达适用力度，允许对判决书、裁定书、调解书适用电子送达，进一步拓展电子送达适用文书范围、优化送达方式、丰富送达渠道，有利于提升电子送达的有效性，推动从制度层面解决“送达难”问题，切实保障当事人诉讼知情权。实践中需注意把握好以下四个方面：

1. 电子送达的适用条件。“当事人同意”是电子送达的基本前提，但本条未对同意的方式和情形作具体要求。实践中，各地法院应当按照《人民法院在线诉讼规则》第二十九条第二款的规定，判断确认当事人是否同意电子送达。当事人作出同意的意思表示，既包括明示的同意，也包括默示的同意，默示同意具体包括：事前的合意约定、事中的行为表示和事后的接受认可。其中需注意三个方面：一是对于事前的合意约定，需考察送达条款是否属于格式条款，若提供格式合同一方未尽到提示说明义务，对方当事人可以要求确认该条款无效；二是对于在起诉状、答辩状中主动提供电子地址的，应考察该地址用途和功能是用于联系还是接受送达，如果仅提供手机号码，不宜直接认定同意电子送达，应向当事人作进一步确认；三是对于通过回复收悉、参加诉讼等方式接受已完成的电子送达，但又表示不同意电子送达的，应当认定已完成的送达有效，但此后不宜再适用电子送达。

2. 电子送达的适用范围。本条把“判决书、裁定书、调解书”纳入电子送达范围，实际上将电子送达拓展适用于所有诉讼文书。同时，本条对于“判决书、裁定书、调解书”的电子送达规定了人民法院的附随职责，即“受送达人提出需要纸质文书的，人民法院应当提供”。需要特别注意的是，人民法院按照受送达人要求另行提供的纸质文书不产生送达效力，文书送达在完成电子送达时即生效。

3. 电子送达的方式和载体。随着互联网技术日新月异发展，电子送达的手段、方式和渠道将不断丰富完善，立法上采取列举方式已难以满足实践发展需要。考虑到未来信息技术还将进一步发展变化，为保持立法的弹性和前瞻性，本条不再罗列电子送达的具体媒介和方式，而以“电子方式送达”作概括表述。实践中，为确保电子送达的规范性和便捷性相统一，电子送达发出端应当为人民法院统一开发的系统平台，以确保送达过程可查询、可验证、可追溯，形成有效的电子送达凭证。电子送达的到达端可以是多样化的电子地址，包括受送达人的电子邮件、即时通讯账号、诉讼平台的专用账号等。需要特别注意的是，实践中要避免分散和多头送达，同一内容材料原则上一次只送达一个电子地址，以便确定送达生效时间，便于当事人行使后续诉讼权利。

4. 电子送达的生效标准。本次修法未修改电子送达的生效标准，但立法上仍然要求具备“确认其收悉”“送达信息到达”两个因素，实践中需根据《人民法院在线诉讼规则》第三十一条的规定，结合当事人电子地址确认和电子地址来源情况，合理适用电子送达生效标准。具体而言，对当事人主动提供或确认的电子地址，采取“到达主义”。对人民法院主动获取的受送达人电子地址进行送达的，采取“收悉主义”。关于“收悉主义”的适用，应把握好两个适用条件：一是需满足当事人已同意适用电子送达，只是未提供有效电子送达地址或提供的地址有错误；二是应当向能够确认为受送达人为本人的电子地址送达，如经过实名认证的、曾经完成过有效送达的、近期内活跃使用的电子地址等。人民法院对此应有一个查明和判断过程，而非直接向任意一个可获取的电子地址送达。

第九十五条　受送达人下落不明，或者用本节规定的其他方式无法送达的，公告送达。自发出公告之日起，经过三十日，即视为送达。

公告送达，应当在案卷中记明原因和经过。

【修改说明】

本条对原民事诉讼法第九十二条作出修改，将公告送达期限从六十天缩短为三十天，有利于进一步发挥公告送达制度功能，有效缩短审理周期，降低诉讼成本，防止部分不诚信的当事人利用公告送达制度故意逃避、恶意拖延诉讼。

【适用要点】

公告送达是法律上的拟制送达，是在受送达人下落不明，或者用其他方法无法送达时使用的一种特殊送达方式。实践中需注意以下三个方面问题：

1. 依法慎重适用公告送达。公告送达有严格的适用条件，是穷尽所有送达方式后仍无法有效送达的最后选择，大多数情况下将导致案件的缺席审理和判决，对当事人的诉讼权利义务有重大影响。因此，对公告送达应慎重适用，只有能够充分证明当事人下落不明，或者通过直接送达、委托送达、邮寄送达、转交送达、电子送达等方式均无法送达时，才可以适用公告送达。需要指出的是，所谓“穷尽所有送达方式”，并非指各种送达方式均需要逐一尝试，而是指根据案件和当事人情况，能够采用的送达方式均已采用。

2. 加大电子公告送达的适用力度。根据《最高人民法院关于适用〈中华人民共和国民事诉讼法〉的解释》（以下简称《民事诉讼法司法解释》）相关要求，公告送达可以采取在法院的公告栏和受送达人住所地张贴公告，也可以在报纸、信息网络等媒体上刊登公告等线下和线上两种形式进行。在互联网时代背景下，有必要大力推广适用电子公告。传统线下公告的覆盖范围、触达层面非常有限，除非受送达人主动查询，否则很难通过线下公告方式获取公告信息。长期以来，线下公告送达仅具有形式意义，无法有效保障受送达人的知情权，也损害了其他当事人及时获得裁判的权利，未能有效实现公告送达的制度功能。电子公告送达具有覆盖广、传播快、易查询、成本低等优势，能够有效弥补线下公告的不足，极大提升公告送达的有效性，真正发挥公告送达制度的作用，应当作为公告送达的主流方式。

3. 规范电子公告送达的载体。为保证电子公告能够广泛覆盖地域和各群体，《民事诉讼法司法解释》要求通过“信息网络等媒体”发布电子公告。实践中，部分法院通过自建的网站平台发布电子公告，这类网站平台严格意义上来说不属于“信息网络媒体”，不宜作为电子公告送达的有效载体。2018 年，最高人民法院已经建立了集发布、展示、办理、查询等多种功能于一体的“人民法院公告网”，并与全国法院统一送达平台进行对接，可以集中、统一、权威发布全国法院的公告送达信息。下一步，最高人民法院将继续完善公告送达平台，大力推进电子公告，全面提升公告送达的便捷性、覆盖面和精准度。

第一百零九条　人民法院对下列案件，根据当事人的申请，可以裁定先予执行：

（一）追索赡养费、扶养费、抚养费、抚恤金、医疗费用的；

（二）追索劳动报酬的；

（三）因情况紧急需要先予执行的。

【修改说明】

本条对原民事诉讼法第一百零六条作出修改，将“抚育费”修改为“抚养费”。这一修改是为了与民法典总则编、婚姻家庭编的相关条文规定衔接一致，使用“抚养费”也更契合司法实践中将“赡养”“抚养”“扶养”案件统称为“三养”案件的理念。“抚养费”与“抚育费”含义相同，是指为子女健康成长、生活，父母应负担的部分或全部的子女的生活费、教育费和医疗费等费用。

第一百三十一条　审判人员确定后，应当在三日内告知当事人。

【修改说明】

本条对原民事诉讼法第一百二十八条作出修改，将原条文中“合议庭组成人员”修改为“审判人员”。本次修法明确第一审普通程序可以适用独任制，普通程序案件对应的审判组织既可能是合议庭，也可能是独任审判员，为保证表述的周延性和准确性，有必要将告知主体修改为“审判人员”。

第一百四十条　开庭审理前，书记员应当查明当事人和其他诉讼参与人是否到庭，宣布法庭纪律。

开庭审理时，由审判长或者独任审判员核对当事人，宣布案由，宣布审判人员、书记员名单，告知当事人有关的诉讼权利义务，询问当事人是否提出回避申请。

【修改说明】

本条对原民事诉讼法第一百三十七条作出修改，将原条文中“审判长”修改为“审判长或者独任审判员”，修改理由同第四十九条。

第一百四十四条　法庭辩论按照下列顺序进行：

（一）原告及其诉讼代理人发言；

（二）被告及其诉讼代理人答辩；

（三）第三人及其诉讼代理人发言或者答辩；

（四）互相辩论。

法庭辩论终结，由审判长或者独任审判员按照原告、被告、第三人的先后顺序征询各方最后意见。

【修改说明】

本条对原民事诉讼法第一百四十一条作出修改，将原条文中“审判长”修改为“审判长或者独任审判员”，修改理由同第四十九条。

第一百五十二条　人民法院适用普通程序审理的案件，应当在立案之日起六个月内审结。有特殊情况需要延长的，经本院院长批准，可以延长六个月；还需要延长的，报请上级人民法院批准。

【修改说明】

本条对原民事诉讼法第一百四十九条作出修改，将原条文中“由本院院长批准”修改为“经本院院长批准”。这一修改是为了与本次修法中新增的简易程序“有特殊情况需要延长的，经本院院长批准，可以延长一个月”的表述相一致。

第一百五十四条　有下列情形之一的，终结诉讼：

（一）原告死亡，没有继承人，或者继承人放弃诉讼权利的；

（二）被告死亡，没有遗产，也没有应当承担义务的人的；

（三）离婚案件一方当事人死亡的；

（四）追索赡养费、扶养费、抚养费以及解除收养关系案件的一方当事人死亡的。

【修改说明】

本条对原民事诉讼法第一百五十一条作出修改，将原条文中“抚育费”修改为“抚养费”，修改理由同第一百零九条。

第一百六十四条　人民法院适用简易程序审理案件，应当在立案之日起三个月内审结。有特殊情况需要延长的，经本院院长批准，可以延长一个月。

【修改说明】

本条对原民事诉讼法第一百六十一条作出修改，增加了简易程序案件延长审限的规定，明确了延长审限的事由为案件审理过程中“有特殊情况”，延长审限的程序须经本院院长批准，延长审限的期限为一个月。修改之后，简易程序的审限最长不超过四个月。

【适用要点】

本条对简易程序审限的修改，与普通程序的审限规定形成有序衔接和梯次化配置，有利于进一步发挥简易程序快速高效解决纠纷的功能作用。实践中，需要注意以下几个方面的问题：

1. 延长审限的条件。本条规定简易程序案件延长审限需满足“特殊情况”的条件。“特殊情况”是指案件审理过程中，因出现客观上无法预见和避免的情形，虽然并不会增加认定案件事实或者适用法律难度，但直接导致案件难以在法定审限内审结，而必须延长审限的情况。例如，出现不可抗力或意外事件导致案件审理进度延误，须等待法院依职权调取相关证据，又或需要等待关联案件的裁判结果等。

2. 延长审限的规则变化。本次修法对简易程序延长审限规则作出新的规定，是否延长审限主要由法院判断案件是否存在“特殊情况”，无须征得当事人同意，也不再以“当事人双方同意继续适用简易程序”为前提，实践中应当重点把握这一规则变化。

3. 延长审限的审批主体。延长审限涉及当事人重要诉讼权益，须履行必要的内部审批手续。根据本条规定，延长审限的审批权由本院院长行使。按照《最高人民法院关于完善人民法院审判权力和责任清单的指导意见》第四条的规定，根据工作需要，经院长授权或者委托，副院长、审判委员会专职委员可以履行相应的监督管理职责。因此，院长可以根据本院审判权责清单规定，授权或者委托副院长、审判委员会专职委员行使延长审限的审批权。实践中，庭长、副庭长没有延长审限的审批权。延长审限的申请，由庭长审核后，仍应当报请院长或其授权的副院长、审判委员会专职委员审批决定。

4. 延长审限的时间和次数。本条关于简易程序延长审限的时间和次数，均为刚性规定，实践中不得扩张适用。根据本条规定，延长审限的时间由三个月缩短为一个月，且延长审限后，不得再次延长，即简易程序的审限累计不得超过四个月。

第一百六十五条　基层人民法院和它派出的法庭审理事实清楚、权利义务关系明确、争议不大的简单金钱给付民事案件，标的额为各省、自治区、直辖市上年度就业人员年平均工资百分之五十以下的，适用小额诉讼的程序审理，实行一审终审。

基层人民法院和它派出的法庭审理前款规定的民事案件，标的额超过各省、自治区、直辖市上年度就业人员年平均工资百分之五十但在二倍以下的，当事人双方也可以约定适用小额诉讼的程序。

【修改说明】

本条对原民事诉讼法第一百六十二条作出修改，主要修改了以下三个方面：

1. 调整小额诉讼程序适用案件类型。将“基层人民法院和它派出的法庭审理符合本法第一百五十七条第一款规定的简单的民事案件”修改为“基层人民法院和它派出的法庭审理事实清楚、权利义务关系明确、争议不大的简单金钱给付民事案件”。

2. 调整小额诉讼程序适用的标的额标准。将“标的额为各省、自治区、直辖市上年度就业人员年平均工资百分之三十以下”修改为“标的额为各省、自治区、直辖市上年度就业人员年平均工资百分之五十以下”。

3. 允许当事人合意适用小额诉讼程序。增加第二款，明确“标的额超过各省、自治区、直辖市上年度就业人员年平均工资百分之五十但在二倍以下的，当事人双方也可以约定适用小额诉讼的程序”。

【适用要点】

本条优化完善了小额诉讼程序的适用案件类型、适用条件、标的额标准和适用模式，明确了小额诉讼程序的制度定位，凸显其程序特点和优势。修改后的条文适应了经济社会发展变化需要，既保障了当事人对程序利益的处分权，也有利于进一步发挥小额诉讼程序高效、便捷、一次性终局解纷的功能作用。实践中需要注意以下几个方面的问题：

1. 小额诉讼程序仅限于“简单金钱给付民事案件”。“简单金钱给付民事案件”是指当事人提出以给付金钱或有价证券为诉讼请求，事实清楚、权利义务关系明确、争议不大、给付金额确定的民事案件。实践中，小额诉讼程序主要适用于以给付金钱为单一诉讼请求的案件，聚焦审理“小额钱债”纠纷。当事人除给付金钱的诉讼请求外，还提出其他诉讼请求的，原则上不得适用小额诉讼程序。但是，如果双方当事人均同意适用，且案件符合小额诉讼程序其他适用条件的，可以适用小额诉讼程序审理。例如，名誉侵权纠纷中原告除提出损害赔偿的金钱给付请求外，还提出停止侵权、赔礼道歉、恢复名誉等诉讼请求的，案件原则上不适用小额诉讼程序；但如经双方当事人同意，并且案件符合小额诉讼程序标的额标准，且“事实清楚、权利义务关系明确、争议不大”的，则可以适用小额诉讼程序。

2. 小额诉讼程序的标的额标准。根据本条规定，小额诉讼案件标的额以“各省、自治区、直辖市上年度就业人员年平均工资”作为计算标准。实践中，需要注意两个问题：

第一，关于当事人诉讼请求中金钱给付数额的计算方法。应当以当事人起诉时确定的诉讼请求数额作为案件的标的额，对于持续发生的违约金、利息等，应当以当事人起诉之日确定的金额总额作为标的额。

第二，关于“就业人员年平均工资”统计口径的选用。目前国家统计局和各地发布的统计口径中并无“就业人员年平均工资”的专门统计项，与之对应的有“城镇非私营单位就业人员年平均工资”“城镇私营单位就业人员年平均工资”“全口径城镇单位就业人员年平均工资”三类统计口径。实践中，各省份对统计口径的选用有所不同，不同统计口径所对应的“平均工资数额”差异明显。为避免因统计口径不一导致各地小额诉讼案件标的额标准差异过大，未来有必要统一相关统计口径和政策标准。在此之前，各地可以继续沿用之前的统计口径和方式。此外，本条中“以上”的含义均包含本数。

3. 小额诉讼程序的法定适用。本条第一款规定了法定适用小额诉讼程序的条件和标准，实践中需注意两个方面问题：

第一，关于避免小额诉讼程序的扩张适用。小额诉讼程序适用于“小额”且“简单”的案件，适用标准中包含了标的额的客观标准和“事实清楚、权利义务关系明确、争议不大”的主观标准。司法实务中应注意避免仅考虑客观标准而忽视主观标准，不能仅以标的额大小确定是否适用小额诉讼程序，法官应结合案件情况，根据《民事诉讼法司法解释》的相关规定，判断案件是否符合主观标准。

第二，关于防止当事人规避适用小额诉讼程序。小额诉讼程序的法定适用条件具有强制性，一旦符合主客观适用标准，人民法院“应当”适用，而非“可以”适用。对于是否适用小额诉讼程序，当事人没有选择权，但有异议权。实践中，应当遵循“该用即用”原则，依法加大适用力度。对于应当适用小额诉讼程序却未适用，而案件又提起上诉的，考虑到小额诉讼程序本身的性质和特点，二审不宜发回重审，二审法院应当将应当适用而未适用的情况及时反馈给一审法院，由一审法院通过案件评查、绩效考评等制度机制加强规范和约束。

4. 小额诉讼程序的约定适用。本条第二款增加了小额诉讼程序合意适用模式，实践中需把握好以下三个方面：

第一，关于“当事人约定适用”的方式。当事人双方约定可以是原告和被告诉前约定适用，也可以是立案后原告和被告达成一致意见适用。人民法院也可以在开庭审理前，充分告知小额诉讼程序一审终审等相关事项后，征询当事人双方意见，当事人一致同意适用小额诉讼程序的，可以适用。

第二，关于当事人对约定适用的反悔。当事人双方约定适用小额诉讼程序，即对自身的程序利益作出了处分和选择，并产生既定法律效力，原则上不得反悔，以保证程序的稳定性和诉讼的有序性。当事人认为程序适用不当的，仍可以提出异议，说明正当理由并提供相应证据后，由人民法院审查确定是否继续适用小额诉讼程序。

第三，关于格式合同中约定内容的审查。当事人在格式合同中已约定适用小额诉讼程序，诉讼中一方当事人提出该约定无效的，人民法院应当依照民法典第四百九十六条的规定，按照格式条款要求认定其效力。因在诉讼中是否适用小额诉讼程序，涉及当事人重要诉讼利益，如果提供格式条款的一方未采取合理方式履行提示说明义务，对方当事人可以主张该约定无效。

第一百六十六条　人民法院审理下列民事案件，不适用小额诉讼的程序：

（一）人身关系、财产确权案件；

（二）涉外案件；

（三）需要评估、鉴定或者对诉前评估、鉴定结果有异议的案件；

（四）一方当事人下落不明的案件；

（五）当事人提出反诉的案件；

（六）其他不宜适用小额诉讼的程序审理的案件。

【修改说明】

本条是本次修法新增的条文，明确了不得适用小额诉讼程序的案件类型，主要包括：人身关系类、确权类、涉外、需要评估鉴定、一方当事人下落不明、提出反诉等六类案件。本条规定的主要目的在于避免小额诉讼程序适用泛化，推动小额诉讼案件类型与“事实清楚、权利义务关系明确、争议不大”的适用标准有效对应，确保程序适用聚焦“简单小额钱债纠纷”，统筹兼顾诉讼效率和权利保障。

【适用要点】

本条根据试点实践情况，明确了不得适用小额诉讼程序的情形，实践中需注意以下两个方面问题：

1. 小额诉讼程序排除适用规则的变化。相较于本次修法前《民事诉讼法司法解释》有关小额诉讼程序排除适用规则的规定，本条呈现出“两增一减”的新变化。“两增”是指将“一方当事人下落不明”“提出反诉”两类案件纳入不得适用范围。前一类案件大多为单方诉讼，无法准确知悉掌握“下落不明”一方当事人的意见，不宜一审终审。同时，因当事人“下落不明”，案件一般需要公告送达，审理周期较长，难以实现小额诉讼程序高效便捷解纷的制度功能；后一类案件因涉及反诉，当事人之间争议较大，法律关系相对复杂，也不宜适用小额诉讼程序审理。“一减”是指将“知识产权”案件排除在不得适用范围之外。实践中，知识产权案件类型多样，并非均为复杂案件，大量图片类、音乐作品类著作权侵权案件，实际案情简单、权利义务关系清晰、诉讼请求明确，适宜适用小额诉讼程序审理。

2. 小额诉讼排除适用情形的具体判断。本条规定的 6 类排除适用的情形，实践中需综合考虑以下因素予以判断：

第一，关于人身关系类案件。实践中涉及人身关系的纠纷、争议主要有两个方面：一是需要确认当事人之间是否存在父母子女、婚姻等人身关系；二是当事人对人身关系无争议，仅对给付赡养费、抚养费、扶养费的数额、时间、方式等存在争议。第一种情况需要确认是否存在身份关系，显然已非单纯的金钱给付案件，不宜适用小额诉讼程序；第二种情况中，虽然当事人对身份关系无争议，但因身份关系需采取绝对真实主义标准，不能仅因当事人自认就予以确认，法官需要投入更多时间、精力依职权查明身份关系真实情况，审理程序相对复杂，一般难以快速审结，也不宜适用小额诉讼程序审理。

第二，关于财产确权类案件。财产确权案件主要是指确认财产权属的纠纷，主要包括所有权确认纠纷、用益物权确认纠纷、担保物权确认纠纷、共有权确认纠纷等。这类案件在性质上属于确认之诉而非给付之诉，与小额诉讼程序适用的基本标准不符。除确认财产权属外，实践中常见情形为确认财产价值，这类案件一般存在鉴定评估环节，审理耗时较长，往往不能简单认定案件事实清楚，故不宜适用小额诉讼程序审理。此外，对于涉及确认合同效力的纠纷，如果原告起诉时明确提出确认合同效力的诉讼请求，案件就已非单纯的金钱给付案件，不宜再适用小额诉讼程序。如果在适用小额诉讼程序审理过程中，当事人对合同效力产生了争议，但未对适用小额诉讼程序提出异议，为保障程序的安定性，可以继续适用小额诉讼程序审理。

第三，关于涉外案件。符合当事人涉外、所涉事实或者证据涉外、诉讼标的物涉外情形之一的，可以确定为涉外案件。涉外民事纠纷在管辖、送达、答辩、审限等方面与普通程序、简易程序差别较大，民事诉讼法已作特别规定，不宜适用小额诉讼程序审理。

第四，关于涉及鉴定评估的案件。案件如果出现需要鉴定评估的情形，又或当事人对诉前鉴定评估有异议，意味着案件审理周期长，相关事实待查明，当事人争议较大，已不宜适用小额诉讼程序审理。对案件是否涉及鉴定评估，既可以结合原告起诉状中的事实与理由、被告的答辩意见作出判断，也可以结合案件类型考量，如涉及人身损害、财产损害、产品责任、医疗损害等纠纷，一般可能涉及评估鉴定，应当在适用小额诉讼程序前统筹考虑。

第五，关于一方当事人下落不明的案件。“下落不明”一般是指自然人离开最后居所和住所后没有音讯，并且这种状况是持续的、不间断的。对于如何认定“下落不明”，实践中一般由当事人负举证责任，通过公安机关、工商登记机关、居委会、村委会等出具证明等方式予以证明。下落不明的证明内容和过程较烦琐，实践中显然不可能待当事人完成相关证明后再确定是否适用小额诉讼程序。因此，对“下落不明”的判断应限定在“起诉时”，即通过原告提供的地址、电话、邮箱等，以及通过身份证、户口簿、工商登记等地址无法有效联系到被告时，就可以认定为起诉时下落不明。对于已经进入诉讼的原被告，在案件审理过程中又失去联系的，不属于下落不明，可以继续适用小额诉讼程序审理。

第六，关于其他不宜适用小额诉讼的程序审理的案件。因小额诉讼程序属于简易程序的特殊类型，并适用独任制审理，因此，法律、司法解释规定不得适用简易程序和独任制审理的案件，不能适用小额诉讼程序。此外，对于劳动关系、劳务关系纠纷，如果双方当事人就是否存在劳动或劳务关系存在争议的，案件已超出一般金钱给付纠纷范畴，审理难度较大，也不宜适用小额诉讼程序审理。

第一百六十七条　人民法院适用小额诉讼的程序审理案件，可以一次开庭审结并且当庭宣判。

【修改说明】

本条是本次修法新增的条文。条文对小额诉讼程序的审理方式作出倡导性规定，鼓励一次开庭审结，加强当庭宣判，促进案件公正高效审理。

【适用要点】

小额诉讼案件的审理方式应当充分体现高效性、便捷性和一次性终局解纷的优势，实践中应当注意以下三个方面：

1. 小额诉讼案件以一次开庭审结为原则。本条规定小额诉讼案件“可以一次开庭审结并且当庭宣判”，虽然采取了“可以”的表述，实际是倡导小额诉讼案件以“一次开庭审结并当庭宣判”为原则，除非出现特殊情况，一般不再二次开庭。实践中需要二次开庭的情形，一般仅限于需追加当事人、补充提交未质证的证据、更换案件承办法官等，且案件需未因上述情形而明显增加复杂程度和审理难度，否则就应当转换审理程序。小额诉讼案件的庭审可以参照简易程序的相关规定，进一步合理简化，采取更简便的方式完成庭前身份核对和告知权利义务，围绕案件争议焦点展开庭审，合并法庭调查和法庭辩论，但应当有效保障当事人庭审中的各项权利。

2. 小额诉讼案件审理以严格把握适用标准为前提。实践中要有效实现小额诉讼案件“一次开庭审结并当庭宣判”，客观上要求小额诉讼程序必须适用于事实和证据清楚、法律关系明确、法律适用清晰、当事人争议不大的简单金钱给付案件。在小额诉讼程序适用前，人民法院应当根据适用标准，对案件情况作出初步判断，综合考虑是否可以在较短审限内一次开庭审结。对审理过程中出现与适用标准不符的相关情形的，应当及时转换适用规则和适用程序。

3. 小额诉讼案件庭审以充分的庭前准备为基础。小额诉讼案件庭审的高效性和规范性，很大程度上取决于庭前准备是否充分到位。实践中应当积极做好庭前准备工作，充分释明告知审判组织、审理期限、审理方式、一审终审等相关事项；开展庭前阅卷，全面了解案件情况；案件证据较多的，组织召开庭前会议和证据交换，完成举证质证；推行要素式审理，引导当事人确认案件核心要素事实和主要争点，通过充分的庭前准备，确保小额诉讼案件庭审的效率和质量。

第一百六十八条　人民法院适用小额诉讼的程序审理案件，应当在立案之日起两个月内审结。有特殊情况需要延长的，经本院院长批准，可以延长一个月。

【修改说明】

本条是本次修法新增的条文。条文明确了小额诉讼案件的审限期限和延长审限规则，将审限从原有的“三个月”缩短为“两个月”，并对延长审限的期限和程序作出明确规定。

【适用要点】

本条调整了小额诉讼程序的审限，进一步凸显了小额诉讼程序公正、高效、便捷的制度优势和价值导向，实践中需注意以下两个方面：

1. 严格把握延长审限的适用条件。本条规定了小额诉讼案件延长审限以存在“特殊情况”为限。所谓“特殊情况”，主要包括：发生不可抗力或意外事件、需追加当事人、需与关联案件统筹协调、因特殊原因需更换承办法官等。且上述情况的出现未导致案件更加疑难复杂，仍然符合小额诉讼程序适用条件。院庭长应当对小额诉讼延长审限事由严格把关，重点审查案件是否仍适宜适用小额诉讼程序审理，避免延长审限的滥用和泛化。

2. 准确适用审限扣除规则。民事诉讼法及其司法解释、《最高人民法院关于严格执行案件审理期限制度的若干规定》关于扣除审限的相关规定，并未将小额诉讼案件排除在适用范围之外，因此，对于案件中止期间、双方当事人和解期间、审理当事人提出的管辖异议以及处理人民法院之间的管辖争议的期间等，不计入审限。需要强调的是，实践中对扣除审限的期间和次数应当严格把握，院庭长和审判管理部门应当加强监督管理，切实防止利用扣除审限变相延长审限，导致案件久拖不决。

第一百六十九条　人民法院在审理过程中，发现案件不宜适用小额诉讼的程序的，应当适用简易程序的其他规定审理或者裁定转为普通程序。

当事人认为案件适用小额诉讼的程序审理违反法律规定的，可以向人民法院提出异议。人民法院对当事人提出的异议应当审查，异议成立的，应当适用简易程序的其他规定审理或者裁定转为普通程序；异议不成立的，裁定驳回。

【修改说明】

本条是本次民事诉讼法修改后新增的条文，主要明确了以下三个方面的规则：

1. 建立小额诉讼程序转换机制。明确了案件不宜适用小额诉讼程序的，应当适用简易程序的其他规定审理或者裁定转为普通程序。

2. 赋予当事人程序适用异议权。当事人认为案件适用小额诉讼程序审理违反法律规定的，可以向人民法院提出异议，并由人民法院审查。

3. 明确了程序转换的方式。规定了小额诉讼程序向普通程序转换应以裁定方式作出。

【适用要点】

小额诉讼程序适用有严格的标准和条件，一审终审的制度设计对当事人审级利益和诉讼权利有重大影响，因此在案件审理过程中必须确保程序适用的合法性、合理性和妥当性。完善小额诉讼程序的转换机制，有利于避免实践中小额诉讼程序的不当适用，充分保障当事人诉讼权利。实践中应当注意以下三个方面：

1. 小额诉讼程序与简易程序在适用规则上的转换。小额诉讼程序属于简易程序的特殊类型，原则上与简易程序之间并不存在程序转换的问题，但两者在适用标准、适用范围、审理期限、生效规则等方面均有差异，客观上也确实存在规则适用的转换问题。

第一，关于小额诉讼程序适用规则向简易程序适用规则的转换。当案件审理过程中出现不得适用小额诉讼程序的情形，或者因案情、诉讼请求变化等原因，导致不符合小额诉讼程序条件，但仍符合简易程序适用条件的，人民法院应当将案件适用简易程序规则审理，并向当事人发送书面通知，告知适用程序、审理期限、生效规则等方面的变化。

第二，关于简易程序适用规则向小额诉讼程序适用规则的转换。因简易程序与小额诉讼程序的主观适用标准一致，适用差异主要在于标的额等客观标准，因此在简易程序案件审理过程中，出现因诉讼请求金额变化、当事人达成合意等原因，致使案件符合小额诉讼程序适用条件的，人民法院可以视情况将案件适用小额诉讼程序规则审理，并以书面形式告知审判组织、审理期限、审理方式、一审终审等相关事项。

2. 小额诉讼程序向普通程序的转换。本条第一款明确了小额诉讼程序可以转为普通程序，实践中根据案件情况，既可以转为普通程序独任制，也可以转为普通程序合议制。

第一，关于小额诉讼程序转为普通程序独任制。应当同时满足三个条件：（1）案件出现增加诉讼请求、诉讼请求金额变化、需要评估鉴定、提出反诉等情形，致使案件不符合小额诉讼适用条件；（2）案件不符合简易程序“事实清楚”的标准，或者查明事实的程序较烦琐，审理周期较长，不宜适用简易程序；（3）案件符合普通程序独任制“基本事实清楚、权利义务关系明确”的适用标准。

第二，关于小额诉讼程序转为普通程序合议制。案件审理过程中发现存在案情疑难复杂、类型新颖、社会影响大，以及其他不得适用独任制审理情形的，应当转为普通程序合议制审理。

第三，关于程序转换的方式和效力。程序转换应当以裁定方式作出，可以采用口头或者书面形式。采用口头形式的，应以笔录或录音录像的方式记录。小额诉讼程序转为普通程序合议制的，裁定应以合议庭名义作出，合议庭组成人员及相关事项应当书面通知双方当事人。案件转换为普通程序前，双方当事人已确认的事实，可以不再举证、质证；开庭后转换为普通程序的，一般应当再次开庭审理。实践中，对于由小额诉讼程序转为适用简易程序其他规则审理的案件，一般不得再转为普通程序，院庭长对此类程序转换事项应当严格把关审批。

3. 当事人对小额诉讼程序异议权的行使。当事人异议权对正确适用小额诉讼程序有着重要的监督保障作用，但异议权的行使应当合法规范，基于法定理由和正当目的，不得滥用权利干扰审判工作正常进行，实践中需要正确把握异议权行使的规则：

第一，关于异议的事由。本条明确了异议的事由为“违反法律规定”，具体而言，主要包括以下三个方面情形：（1）案件不符合适用小额诉讼程序的主客观标准；（2）案件并非“金钱给付”案件或者属于不得适用小额诉讼程序的情形；（3）案件属于不得适用独任制审理的范围。

第二，关于提出异议的时间。当事人的异议对程序后续进程有着重大影响，为保障程序的稳定性和有序性，促使当事人及时合法行使权利，参照《民事诉讼法司法解释》关于简易程序异议权的相关规定，异议应当在开庭审理前提出。

第三，关于提出异议的方式和处理。程序适用和转换属于重大程序事项，因此当事人的异议应当以书面形式提出，并明确异议的事由和依据。人民法院对异议的处理，应当以裁定方式作出。此类裁定属于不可上诉的裁定，一经作出即产生法律效力。

第一百七十六条　第二审人民法院对上诉案件应当开庭审理。经过阅卷、调查和询问当事人，对没有提出新的事实、证据或者理由，人民法院认为不需要开庭审理的，可以不开庭审理。

第二审人民法院审理上诉案件，可以在本院进行，也可以到案件发生地或者原审人民法院所在地进行。

【修改说明】

本条对原民事诉讼法第一百六十九条第一款内容作出修改，删除了原条文中“合议庭”的表述，并将“合议庭认为不需要开庭审理的”修改为“人民法院认为不需要开庭审理的”，使本条规定有效涵盖二审独任制的情况。

【适用要点】

本条规定明确了第二审合议制和二审独任制的审理方式，坚持第二审案件审理应当“开庭审理”的基本原则，实践中应注意以下几个方面问题：

1. 第二审案件一般应当开庭审理。根据本条规定，不论第二审案件审判组织形式采取合议制还是独任制，原则上均应当开庭审理。坚持以开庭审理为基本原则，有利于充分保障当事人举证、质证、陈述、辩论等诉讼权利，增强二审裁判结果的权威性和公正性。特别是对二审独任制案件而言，考虑到已经简化了审判组织形式，为确保案件质量，保障当事人诉讼权益，不宜再进一步简化审理方式和程序，应当更加强调通过开庭方式审理。

2. 严格把握“不开庭审理”的条件。不开庭审理是第二审案件审理中的例外情况，实践中应当严格把握适用条件。

第一，上诉人没有提出新的事实、证据或者理由。上诉人如果没有提出新的事实、证据或理由，一定程度上说明作为上诉案件基础的第一审判决在事实和证据的认定上被双方当事人认可，上诉人和被上诉人双方提出的事实和证据与第一审基本一致，可以不用再次经举证、质证等开庭审理步骤，因此可以考虑不开庭审理。

第二，必须完成阅卷、调查和询问当事人三个步骤。“阅卷”主要是指全面查阅案件卷宗；“调查”主要是指通过调取、审查、走访、询问等方式，查实案件的证据和事实；“询问当事人”主要是指面见当事人，听取其陈述、答辩、举证、质证、辩论意见，形式较开庭更为灵活。立法上对以上三种方式的表述，采取的是并列式而非选择式，因此，案件如果不开庭审理，需完整完成以上三个步骤。需要特别注意的是，“调查”方式因包含了对证据的审查认定，可以在“询问当事人”过程中一并完成。

第三，可以不开庭审理的情形。实践中，不开庭审理主要适用于以下情形：（1）不服不予受理、管辖权异议和驳回起诉裁定的；（2）当事人提出的上诉请求明显不能成立的；（3）原判决、裁定认定事实清楚，但适用法律错误的；（4）原判决严重违反法定程序，需要发回重审的。

3. 完善二审独任制案件质量的保障举措。为确保二审独任制案件质量，有效防范廉政风险，各级人民法院应当完善审判监督管理机制，健全独任法官审判权责清单，规范独任法官审判权行使；依托信息化手段，加强对独任制案件裁判情况的全过程公开、全流程监督；积极发挥专业法官会议对独任法官的咨询、监督作用，对拟改判或发回的，应当提交专业法官会议讨论；完善独任制案件评查机制，建立健全法官惩戒工作程序和法官违纪违法退额管理规定，加大违法审判责任追究力度，确保“独任而不放任”。

第一百九十一条　公民下落不明满四年，或者因意外事件下落不明满二年，或者因意外事件下落不明，经有关机关证明该公民不可能生存，利害关系人申请宣告其死亡的，向下落不明人住所地基层人民法院提出。

申请书应当写明下落不明的事实、时间和请求，并附有公安机关或者其他有关机关关于该公民下落不明的书面证明。

【修改说明】

本条对原民事诉讼法一百八十四条作出修改，将原条文中的“意外事故”修改为“意外事件”。这一修改是为了与民法典第四十六条、第四十八条表述衔接一致。“意外事件”是指行为人在当时处境下不可能通过合理的注意而预见，而完全是由于行为人自身以外的原因引起的偶然事件，具有不可预见性。

第一百九十二条　人民法院受理宣告失踪、宣告死亡案件后，应当发出寻找下落不明人的公告。宣告失踪的公告期间为三个月，宣告死亡的公告期间为一年。因意外事件下落不明，经有关机关证明该公民不可能生存的，宣告死亡的公告期间为三个月。

公告期间届满，人民法院应当根据被宣告失踪、宣告死亡的事实是否得到确认，作出宣告失踪、宣告死亡的判决或者驳回申请的判决。

【修改说明】

本条对原民事诉讼法第一百八十五条作出修改，将原条文中的“意外事故”修改为“意外事件”，修改理由同第一百九十一条。

第一百九十四条　申请认定公民无民事行为能力或者限制民事行为能力，由利害关系人或者有关组织向该公民住所地基层人民法院提出。

申请书应当写明该公民无民事行为能力或者限制民事行为能力的事实和根据。

【修改说明】

本条对原民事诉讼法第一百八十七条作出修改，将原条文中的“其近亲属或者其他利害关系人”修改为“利害关系人或者有关组织”。这一修改是为了与民法典第二十四条第一款条文表述衔接一致。

【适用要点】

本条是关于认定成年人为无民事行为能力或者限制民事行为能力申请主体的规定。司法实务中，客观上存在成年人已经符合无民事行为能力或限制民事行为能力认定标准，但没有利害关系人或利害关系人不愿向人民法院提出认定申请的情形，故而增加“有关组织”作为申请主体。根据民法典第二十四条第三款的规定，“有关组织”指居民委员会、村民委员会、学校、医疗机构、妇女联合会、残疾人联合会、依法设立的老年人组织、民政部门等。

第一百九十七条　人民法院根据被认定为无民事行为能力人、限制民事行为能力人本人、利害关系人或者有关组织的申请，证实该公民无民事行为能力或者限制民事行为能力的原因已经消除的，应当作出新判决，撤销原判决。

【修改说明】

本条对原民事诉讼法一百九十条作出修改，将原条文中的“或者他的监护人”修改为“本人、利害关系人或者有关组织”，修改理由和适用要点同第一百九十四条。

第二百条　判决认定财产无主后，原财产所有人或者继承人出现，在民法典规定的诉讼时效期间可以对财产提出请求，人民法院审查属实后，应当作出新判决，撤销原判决。

【修改说明】

本条对原民事诉讼法第一百九十三条作出修改，将原条文中的“民法通则”修改为“民法典”。根据民法典第一千二百六十条的规定，民法典自 2021 年 1 月 1 日起施行，民法通则等九部法律同时废止。

第二百零一条　经依法设立的调解组织调解达成调解协议，申请司法确认的，由双方当事人自调解协议生效之日起三十日内，共同向下列人民法院提出：

（一）人民法院邀请调解组织开展先行调解的，向作出邀请的人民法院提出；

（二）调解组织自行开展调解的，向当事人住所地、标的物所在地、调解组织所在地的基层人民法院提出；调解协议所涉纠纷应当由中级人民法院管辖的，向相应的中级人民法院提出。

【修改说明】

本条对原民事诉讼法第一百九十四条作出修改，主要修改了以下两个方面：

1. 扩大了司法确认程序的适用范围。从类型上看，除人民调解外，其他依法成立的调解组织调解达成的调解协议也可以申请司法确认；从法院层级上看，除基层人民法院外，中级人民法院和金融法院、知识产权法院等专门人民法院也可以适用司法确认程序。

2. 调整了司法确认案件的管辖规则。对于人民法院邀请调解组织开展先行调解的，按照“谁邀请、谁受理”的原则确定管辖法院。对于调解组织自行开展调解的，除调解组织所在地外，还增加了当事人住所地、标的物所在地两个管辖连接点；按照诉讼案件级别管辖和专门管辖标准，调解协议所涉纠纷应当由中级人民法院或者专门人民法院管辖的，由相应的中级人民法院和专门人民法院受理司法确认申请。

【适用要点】

本条扩大了司法确认程序的适用范围，同时根据调解主体和调解类型的不同，明确了司法确认案件相应的管辖规则，有利于充分发挥商事调解、行政调解、行业调解等多元解纷机制的作用，方便中级人民法院、专门人民法院开展与其职能特点相对应的诉前调解工作，对于加强诉源治理法治保障，推动更多法治力量疏导端用力，健全完善中国特色纠纷化解格局具有重要意义。实践中需要注意以下几个方面的问题：

1. “依法设立的调解组织”的含义。本条将申请司法确认的调解协议范围扩大到了“依法设立的调解组织”，实践中需正确理解其含义。

第一，关于“依法”的范围。根据《立法法》相关规定，本条中“依法设立”的“法”主要包括以下四种类型：一是全国人大及其常委会制定的法律，如《人民调解法》等，以及未来可能制定的《调解法》《多元化解纠纷促进法》《商事调解法》等法律；二是国务院制定的行政法规，如《民办非企业单位登记管理暂行条例》等；三是地方人大制定的地方性法规、自治条例和单行条例；四是国务院各部、委员会、中国人民银行、审计署和具有行政管理职能的直属机构，以及省、自治区、直辖市和设区的市、自治州的人民政府制定的规章。调解组织依照上述规定设立的，可以认定为“依法设立”。

除此之外，中央有关职能部门也会根据工作需要，就推进特定领域矛盾纠纷多元化解单独或联合发布规范性文件，如最高人民法院、司法部《关于开展律师调解试点工作的意见》《关于扩大律师调解试点工作的通知》，最高人民法院、中国证监会《关于全面推进证券期货纠纷多元化解机制建设的意见》，最高人民法院、中国侨联《关于在部分地区开展涉侨纠纷多元化解试点工作的意见》等。调解组织依照上述文件规定设立的，也可以视为“依法设立”。

第二，关于“依法”的内容。设立调解组织，既要满足相关规范性文件明确的实体条件，如机构性质、职能范围、组织架构、人员、场所、经费等，也要遵循有关设立程序，如所需的证明文件、申请流程、批准权限等。

2. 调解员调解达成调解协议的处理。根据本条规定，为了强化调解组织的监督管理作用，确保调解协议的公信力，防止虚假调解和虚假确认，对于未加入任何调解组织、以个人名义开展工作的调解员调解达成的调解协议，不能申请司法确认。但这并不妨碍调解员继续以个人名义开展调解工作，也不妨碍法院继续以诉前委派或者诉中委托的方式邀请其调解纠纷。对于调解员调解达成的调解协议，可以区分情况，分别采取不同的处理措施：一是积极引导当事人自动履行；二是经充分释明，由当事人向法院提起诉讼，法院登记立案后，依法出具调解书。实践中，可以鼓励调解员积极加入某一依法设立的调解组织，以调解组织名义开展调解工作，并接受调解组织的监督管理。

3. 特邀调解名册与“依法设立的调解组织”的关系。特邀调解名册是人民法院为规范特邀调解工作、提升诉前调解效能而建立的一项内部工作机制。根据《最高人民法院关于人民法院特邀调解的规定》，纳入人民法院特邀名册的调解组织首先应满足“依法成立”的条件，只要是按照规定纳入法院特邀调解名册的调解组织调解达成的调解协议，均可以申请司法确认。

4. 司法确认案件管辖规则的适用。本条明确了司法确认案件的管辖规则，实践中需重点把握以下三个方面：

第一，关于“邀请调解组织开展先行调解”的含义。实践中，法院对于适宜调解的纠纷，通常以在诉前委派调解组织调解的方式解决，《最高人民法院关于人民法院特邀调解的规定》将诉前委派调解作为特邀调解制度的重要组成部分。

本次修法过程中，考虑到民事诉讼法中未出现过“特邀”和“委派”的概念，而“先行调解”和“邀请”在相关法律条文和司法解释中已有规定，其含义可以与“特邀”和“委派调解”形成对应，为确保法律概念体系的一致性和稳定性，新修改的民事诉讼法采用了已有的概念和表述。因此，本条中的“邀请”，主要指人民法院的“特邀”，“先行调解”，即指“诉前调解”；本条的实质含义为：诉前委派调解的，向作出委派的人民法院提出司法确认申请。需要注意的是，此处未将邀请调解的主体限定为“基层人民法院”，因此中级、专门人民法院委派调解的纠纷，均可以适用该管辖规则。

第二，“调解组织自行调解”的管辖规则须遵循实际联系原则。“调解组织自行调解”是指非经法院委派，当事人主动申请调解组织调解的情形。针对这类调解协议，新修改的民事诉讼法在保留“调解组织所在地”的基础上遵循实际联系原则，新增加了“当事人住所地”和“标的物所在地”两个管辖连接点。这一方面为当事人申请司法确认提供更多便利，另一方面也有利于人民法院审查和执行调解协议，加强对调解组织的监督和指导。针对该类司法确认申请，人民法院应当加大审查力度，切实防止虚假调解。需要强调的是，司法确认作为特别程序，并不以相关法院对纠纷具有诉讼管辖权为前提；人民法院只需考虑司法确认申请是否符合本条关于管辖连接点的规定。实践中，双方当事人向符合管辖连接点的多个法院申请司法确认的，由最先受理申请的法院管辖。

第三，中级人民法院受理调解组织自行调解的司法确认申请管辖规则。一是该条中的“中级人民法院”其范围包含了“专门人民法院”，法条中未单独列明“专门人民法院”，主要是为了符合民事诉讼法的表述惯例。二是司法确认案件应当以基层人民法院管辖为主，中级和专门人民法院管辖为辅。民事诉讼法第二百零一条第二项中“调解协议所涉纠纷应当由中级人民法院管辖的，向相应的中级人民法院提出”，应当理解为只有在调解协议所涉纠纷的标的额、案件类型等，符合诉讼案件的级别管辖和专门管辖标准时，当事人申请司法确认的，才应当向中级或专门人民法院提出。三是向中级或专门人民法院申请司法确认的，应当遵循民事诉讼法第二百零一条第二项关于管辖连接点的规定，向“当事人住所地、标的物所在地、调解组织所在地”的中级或专门人民法院提出，而不能把该项的前半句和后半句割裂开来理解。

第二百零三条　申请实现担保物权，由担保物权人以及其他有权请求实现担保物权的人依照民法典等法律，向担保财产所在地或者担保物权登记地基层人民法院提出。

【修改说明】

本条对原民事诉讼法第一百九十六条作出修改，将原条文中的“物权法”修改为“民法典”，修改理由同第二百条。

第二百一十三条　按照审判监督程序决定再审的案件，裁定中止原判决、裁定、调解书的执行，但追索赡养费、扶养费、抚养费、抚恤金、医疗费用、劳动报酬等案件，可以不中止执行。

【修改说明】

本条对原民事诉讼法第二百零六条作出修改，将“抚育费”修改为“抚养费”，修改理由同第一百零九条。

第二百四十六条　申请执行的期间为二年。申请执行时效的中止、中断，适用法律有关诉讼时效中止、中断的规定。

前款规定的期间，从法律文书规定履行期间的最后一日起计算；法律文书规定分期履行的，从最后一期履行期限届满之日起计算；法律文书未规定履行期间的，从法律文书生效之日起计算。

【修改说明】

本条对原民事诉讼法第二百三十九条作出修改，将“从规定的每次履行期间的最后一日起计算”修改为“从最后一期履行期限届满之日起计算”，明确了分期履行情况下申请执行的期限的起算点。这一修改是为了与民法典第一百八十九条关于分期履行债务的诉讼时效规定相衔接，以保证分期履行情况下，申请执行时效的中止、中断与诉讼时效中止、中断的起算日期相一致。

第二百六十四条　有下列情形之一的，人民法院裁定终结执行：

（一）申请人撤销申请的；

（二）据以执行的法律文书被撤销的；

（三）作为被执行人的公民死亡，无遗产可供执行，又无义务承担人的；

（四）追索赡养费、扶养费、抚养费案件的权利人死亡的；

（五）作为被执行人的公民因生活困难无力偿还借款，无收入来源，又丧失劳动能力的；

（六）人民法院认为应当终结执行的其他情形。

【修改说明】

本条对原民事诉讼法第二百五十七条作出修改，将原条文中“抚育费”修改为“抚养费”，修改理由同第一百零九条。

最高人民法院关于适用《中华人民共和国民事诉讼法》的解释[①]与民事诉讼法新修正条文相关部分·备注版[②]

一、管　辖

第九条　追索赡养费、抚育费、扶养费案件的几个被告住所地不在同一辖区的，可以由原告住所地人民法院管辖。

注：本条为民事诉讼法修改后待修改的条文。为与民法典表述衔接一致，修改后的民事诉讼法已将相关条文中的“抚育费”修改为“抚养费”，本条“抚育费”的表述待修改。

---

① 2014年12月18日最高人民法院审判委员会第1636次会议通过，根据2020年12月23日最高人民法院审判委员会第1823次会议通过的《最高人民法院关于修改〈最高人民法院关于人民法院民事调解工作若干问题的规定〉等十九件民事诉讼类司法解释的决定》修正，法释〔2020〕20号。

② 最高人民法院民事诉讼法修改起草小组根据新修改的民事诉讼法内容，对《民事诉讼法司法解释》相关内容作了备注，此备注内容仅供广大实务工作者和法学研究者参考，不具有审判指引效力。

第三十四条 当事人因同居或者在解除婚姻、收养关系后发生财产争议，约定管辖的，可以适用民事诉讼法第三十四条规定确定管辖。

注：本条为民事诉讼法修改后待修改的条文。修改后的民事诉讼法条文序号有所变动，本条引用的“民事诉讼法第三十四条”应为修改后的“民事诉讼法第三十五条”。

第四十条 依照民事诉讼法第三十七条第二款规定，发生管辖权争议的两个人民法院因协商不成报请它们的共同上级人民法院指定管辖时，双方为同属一个地、市辖区的基层人民法院的，由该地、市的中级人民法院及时指定管辖；同属一个省、自治区、直辖市的两个人民法院的，由该省、自治区、直辖市的高级人民法院及时指定管辖；双方为跨省、自治区、直辖市的人民法院，高级人民法院协商不成的，由最高人民法院及时指定管辖。

依照前款规定报请上级人民法院指定管辖时，应当逐级进行。

注：本条为民事诉讼法修改后待修改的条文。修改后的民事诉讼法条文序号有所变动，本条引用的“民事诉讼法第三十七条第二款”应为修改后的“民事诉讼法第三十八条第二款”。

第四十一条 人民法院依照民事诉讼法第三十七条第二款规定指定管辖的，应当作出裁定。

对报请上级人民法院指定管辖的案件，下级人民法院应当中止审理。指定管辖裁定作出前，下级人民法院对案件作出判决、裁定的，上级人民法院应当在裁定指定管辖的同时，一并撤销下级人民法院的判决、裁定。

注：本条为民事诉讼法修改后待修改的条文。修改后的民事诉讼法条文序号有所变动，本条引用的“民事诉讼法第三十七条第二款”应为修改后的“民事诉讼法第三十八条第二款”。

第四十二条 下列第一审民事案件，人民法院依照民事诉讼法第三十八条第一款规定，可以在开庭前交下级人民法院审理：

（一）破产程序中有关债务人的诉讼案件；

（二）当事人人数众多且不方便诉讼的案件；

（三）最高人民法院确定的其他类型案件。

人民法院交下级人民法院审理前，应当报请其上级人民法院批准。上级人民法院批准后，人民法院应当裁定将案件交下级人民法院审理。

注：本条为民事诉讼法修改后待修改的条文。修改后的民事诉讼法条文序号有所变动，本条引用的“民事诉讼法第三十八条第一款”应为修改后的“民事诉讼法第三十九条第一款”。

二、回　　避

第四十八条 民事诉讼法第四十四条所称的审判人员，包括参与本案审理的人民法院院长、副院长、审判委员会委员、庭长、副庭长、审判员、助理审判员和人民陪审员。

注：本条为民事诉讼法修改后待修改的条文。修改后的民事诉讼法条文序号有所变动，本条引用的“民事诉讼法第四十四条”应为修改后的“民事诉讼法第四十七条”。

三、诉讼参加人

第五十二条　民事诉讼法第四十八条规定的其他组织是指合法成立、有一定的组织机构和财产，但又不具备法人资格的组织，包括：

（一）依法登记领取营业执照的个人独资企业；

（二）依法登记领取营业执照的合伙企业；

（三）依法登记领取我国营业执照的中外合作经营企业、外资企业；

（四）依法成立的社会团体的分支机构、代表机构；

（五）依法设立并领取营业执照的法人的分支机构；

（六）依法设立并领取营业执照的商业银行、政策性银行和非银行金融机构的分支机构；

（七）经依法登记领取营业执照的乡镇企业、街道企业；

（八）其他符合本条规定条件的组织。

注：本条为民事诉讼法修改后待修改的条文。修改后的民事诉讼法条文序号有所变动，本条引用的“民事诉讼法第四十八条”应为修改后的“民事诉讼法第五十一条”。

第六十一条　当事人之间的纠纷经人民调解委员会调解

达成协议后，一方当事人不履行调解协议，另一方当事人向人民法院提起诉讼的，应以对方当事人为被告。

注：本条为民事诉讼法修改后待修改的条文。修改后的民事诉讼法第二百零一条将司法确认程序适用范围从原来的仅限于“人民调解协议”扩展至“依法设立的调解组织达成的调解协议”，本条将调解的主体限定为“人民调解委员会”，相关条文内容待修改。

第七十三条　必须共同进行诉讼的当事人没有参加诉讼的，人民法院应当依照民事诉讼法第一百三十二条的规定，通知其参加；当事人也可以向人民法院申请追加。人民法院对当事人提出的申请，应当进行审查，申请理由不成立的，裁定驳回；申请理由成立的，书面通知被追加的当事人参加诉讼。

注：本条为民事诉讼法修改后待修改的条文。修改后的民事诉讼法条文序号有所变动，本条引用的“民事诉讼法第一百三十二条”应为修改后的“民事诉讼法第一百三十五条”。

第七十五条　民事诉讼法第五十三条、第五十四条和第一百九十九条规定的人数众多，一般指十人以上。

注：本条为民事诉讼法修改后待修改的条文。修改后的民事诉讼法条文序号有所变动，本条引用的“民事诉讼法第五十三条、第五十四条和第一百九十九条”应为修改后的“民事诉讼法第五十六条、第五十七条和第二百零六条”。

第七十六条　依照民事诉讼法第五十三条规定，当事人一方人数众多在起诉时确定的，可以由全体当事人推选共同的代表人，也可以由部分当事人推选自己的代表人；推选不出代表人的当事人，在必要的共同诉讼中可以自己参加诉讼，在普通的共同诉讼中可以另行起诉。

注：本条为民事诉讼法修改后待修改的条文。修改后的民事诉讼法条文序号有所变动，本条引用的“民事诉讼法第五十三条”应为修改后的“民事诉讼法第五十六条”。

第七十七条 根据民事诉讼法第五十四条规定，当事人一方人数众多在起诉时不确定的，由当事人推选代表人。当事人推选不出的，可以由人民法院提出人选与当事人协商；协商不成的，也可以由人民法院在起诉的当事人中指定代表人。

注：本条为民事诉讼法修改后待修改的条文。修改后的民事诉讼法条文序号有所变动，本条引用的“民事诉讼法第五十四条”应为修改后的“民事诉讼法第五十七条”。

第七十八条 民事诉讼法第五十三条和第五十四条规定的代表人为二至五人，每位代表人可以委托一至二人作为诉讼代理人。

注：本条为民事诉讼法修改后待修改的条文。修改后的民事诉讼法条文序号有所变动，本条引用的“民事诉讼法第五十三条和第五十四条”应为修改后的“民事诉讼法第五十六条和第五十七条”。

第七十九条 依照民事诉讼法第五十四条规定受理的案件，人民法院可以发出公告，通知权利人向人民法院登记。

公告期间根据案件的具体情况确定，但不得少于三十日。

注：本条为民事诉讼法修改后待修改的条文。修改后的民事诉讼法条文序号有所变动，本条引用的“民事诉讼法第五十四条”应为修改后的“民事诉讼法第五十七条”。

第八十条 根据民事诉讼法第五十四条规定向人民法院登记的权利人，应当证明其与对方当事人的法律关系和所受到的损害。证明不了的，不予登记，权利人可以另行起诉。人民法院的裁判在登记的范围内执行。未参加登记的权利人提起诉讼，人民法院认定其请求成立的，裁定适用人民法院已作出的判决、裁定。

注：本条为民事诉讼法修改后待修改的条文。修改后的民事诉讼法条文序号有所变动，本条引用的“民事诉讼法第五十四条”应为修改后的“民事诉讼法第五十七条”。

第八十一条 根据民事诉讼法第五十六条的规定，有独立请求权的第三人有权向人民法院提出诉讼请求和事实、理由，成为当事人；无独立请求权的第三人，可以申请或者由人民法院通知参加诉讼。

第一审程序中未参加诉讼的第三人，申请参加第二审程序的，人民法院可以准许。

注：本条为民事诉讼法修改后待修改的条文。修改后的民事诉讼法条文序号有所变动，本条引用的“民事诉讼法第五十六条”应为修改后的“民事诉讼法第五十九条”。

第八十五条 根据民事诉讼法第五十八条第二款第二项规定，与当事人有夫妻、直系血亲、三代以内旁系血亲、近姻亲关系以及其他有抚养、赡养关系的亲属，可以当事人近亲属的名义作为诉讼代理人。

注：本条为民事诉讼法修改后待修改的条文。修改后的民事诉讼法条文序号有所变动，本条引用的“民事诉讼法第五十八条第二款第二项”应为修改后的“民事诉讼法第六十一条第二款第二项”。

第八十六条 根据民事诉讼法第五十八条第二款第二项规定，与当事人有合法劳动人事关系的职工，可以当事人工作人员的名义作为诉讼代理人。

注：本条为民事诉讼法修改后待修改的条文。修改后的民事诉讼法条文序号有所变动，本条引用的“民事诉讼法第五十八条第二款第二项”应为修改后的“民事诉讼法第六十一条第二款第二项”。

第八十七条 根据民事诉讼法第五十八条第二款第三项规定，有关社会团体推荐公民担任诉讼代理人的，应当符合下列条件：

（一）社会团体属于依法登记设立或者依法免予登记设立的非营利性法人组织；

（二）被代理人属于该社会团体的成员，或者当事人一方住所地位于该社会团体的活动地域；

（三）代理事务属于该社会团体章程载明的业务范围；

（四）被推荐的公民是该社会团体的负责人或者与该社会团体有合法劳动人事关系的工作人员。

专利代理人经中华全国专利代理人协会推荐，可以在专利纠纷案件中担任诉讼代理人。

注：本条为民事诉讼法修改后待修改的条文。修改后的民事诉讼法条文序号有所变动，本条引用的“民事诉讼法第五十八条第二款第三项”应为修改后的“民事诉讼法第六十一条第二款第三项”。

第八十八条 诉讼代理人除根据民事诉讼法第五十九条规定提交授权委托书外，还应当按照下列规定向人民法院提交相关材料：

（一）律师应当提交律师执业证、律师事务所证明材料；

（二）基层法律服务工作者应当提交法律服务工作者执业证、基层法律服务所出具的介绍信以及当事人一方位于本辖区内的证明材料；

（三）当事人的近亲属应当提交身份证件和与委托人有近亲属关系的证明材料；

（四）当事人的工作人员应当提交身份证件和与当事人有合法劳动人事关系的证明材料；

（五）当事人所在社区、单位推荐的公民应当提交身份证件、推荐材料和当事人属于该社区、单位的证明材料；

（六）有关社会团体推荐的公民应当提交身份证件和符合本解释第八十七条规定条件的证明材料。

注：本条为民事诉讼法修改后待修改的条文。修改后的民事诉讼法条文序号有所变动，本条引用的“民事诉讼法第五十九条”应为修改后的“民事诉讼法第六十二条”。

四、证　　据

第九十四条　民事诉讼法第六十四条第二款规定的当事人及其诉讼代理人因客观原因不能自行收集的证据包括：

（一）证据由国家有关部门保存，当事人及其诉讼代理人无权查阅调取的；

（二）涉及国家秘密、商业秘密或者个人隐私的；

（三）当事人及其诉讼代理人因客观原因不能自行收集的其他证据。

当事人及其诉讼代理人因客观原因不能自行收集的证据，可以在举证期限届满前书面申请人民法院调查收集。

注：本条为民事诉讼法修改后待修改的条文。修改后的民事诉讼法条文序号有所变动，本条引用的“民事诉讼法第六十四条第二款”应为修改后的“民事诉讼法第六十七条第二款”。

第九十六条　民事诉讼法第六十四条第二款规定的人民法院认为审理案件需要的证据包括：

（一）涉及可能损害国家利益、社会公共利益的；

（二）涉及身份关系的；

（三）涉及民事诉讼法第五十五条规定诉讼的；

（四）当事人有恶意串通损害他人合法权益可能的；

（五）涉及依职权追加当事人、中止诉讼、终结诉讼、回避等程序性事项的。

除前款规定外，人民法院调查收集证据，应当依照当事人的申请进行。

注：本条为民事诉讼法修改后待修改的条文。修改后的民事诉讼法条文序号有所变动，本条引用的“民事诉讼法第六十四条第二款”应为修改后的“民事诉讼法第六十七条第二款”，引用的“民事诉讼法第五十五条”应为修改后的“民事诉讼法第五十八条”。

第九十八条 当事人根据民事诉讼法第八十一条第一款规定申请证据保全的，可以在举证期限届满前书面提出。

证据保全可能对他人造成损失的，人民法院应当责令申请人提供相应的担保。

注：本条为民事诉讼法修改后待修改的条文。修改后的民事诉讼法条文序号有所变动，本条引用的“民事诉讼法第八十一条第一款”应为修改后的“民事诉讼法第八十四条第一款”。

第一百零二条 当事人因故意或者重大过失逾期提供的证据，人民法院不予采纳。但该证据与案件基本事实有关的，人民法院应当采纳，并依照民事诉讼法第六十五条、第一百一十五条第一款的规定予以训诫、罚款。

当事人非因故意或者重大过失逾期提供的证据，人民法院应当采纳，并对当事人予以训诫。

当事人一方要求另一方赔偿因逾期提供证据致使其增加的交通、住宿、就餐、误工、证人出庭作证等必要费用的，人民法院可予支持。

注：本条为民事诉讼法修改后待修改的条文。修改后的民事诉讼法条文序号有所变动，本条引用的“民事诉讼法第六十五条、第一百一十五条第一款”应为修改后的“民事诉讼法第六十八条、第一百一十八条第一款”。

第一百一十一条 民事诉讼法第七十条规定的提交书证原件确有困难，包括下列情形：

（一）书证原件遗失、灭失或者毁损的；

（二）原件在对方当事人控制之下，经合法通知提交而拒不提交的；

（三）原件在他人控制之下，而其有权不提交的；

（四）原件因篇幅或者体积过大而不便提交的；

（五）承担举证证明责任的当事人通过申请人民法院调查收集或者其他方式无法获得书证原件的。

前款规定情形，人民法院应当结合其他证据和案件具体情况，审查判断书证复制品等能否作为认定案件事实的根据。

注：本条为民事诉讼法修改后待修改的条文。修改后的民事诉讼法条文序号有所变动，本条引用的“民事诉讼法第七十条”应为修改后的“民事诉讼法第七十三条”。

第一百一十三条 持有书证的当事人以妨碍对方当事人使用为目的，毁灭有关书证或者实施其他致使书证不能使用行为的，人民法院可以依照民事诉讼法第一百一十一条规定，对其处以罚款、拘留。

注：本条为民事诉讼法修改后待修改的条文。修改后的民事诉讼法条文序号有所变动，本条引用的“民事诉讼法第

一百一十一条”应为修改后的“民事诉讼法第一百一十四条”。

第一百一十八条 民事诉讼法第七十四条规定的证人因履行出庭作证义务而支出的交通、住宿、就餐等必要费用，按照机关事业单位工作人员差旅费用和补贴标准计算；误工损失按照国家上年度职工日平均工资标准计算。

人民法院准许证人出庭作证申请的，应当通知申请人预缴证人出庭作证费用。

注：本条为民事诉讼法修改后待修改的条文。修改后的民事诉讼法条文序号有所变动，本条引用的“民事诉讼法第七十四条”应为修改后的“民事诉讼法第七十七条”。

第一百二十二条 当事人可以依照民事诉讼法第七十九条的规定，在举证期限届满前申请一至二名具有专门知识的人出庭，代表当事人对鉴定意见进行质证，或者对案件事实所涉及的专业问题提出意见。

具有专门知识的人在法庭上就专业问题提出的意见，视为当事人的陈述。

人民法院准许当事人申请的，相关费用由提出申请的当事人负担。

注：本条为民事诉讼法修改后待修改的条文。修改后的民事诉讼法条文序号有所变动，本条引用的“民事诉讼法第七十九条”应为修改后的“民事诉讼法第八十二条”。

五、期间和送达

第一百二十五条 依照民事诉讼法第八十二条第二款规定，民事诉讼中以时起算的期间从次时起算；以日、月、年计算的期间从次日起算。

注：本条为民事诉讼法修改后待修改的条文。修改后的民事诉讼法条文序号有所变动，本条引用的“民事诉讼法第八十二条第二款”应为修改后的“民事诉讼法第八十五条第二款”。

第一百二十六条 民事诉讼法第一百二十三条规定的立案期限，因起诉状内容欠缺通知原告补正的，从补正后交人民法院的次日起算。由上级人民法院转交下级人民法院立案的案件，从受诉人民法院收到起诉状的次日起算。

注：本条为民事诉讼法修改后待修改的条文。修改后的民事诉讼法条文序号有所变动，本条引用的“民事诉讼法第一百二十三条”应为修改后的“民事诉讼法第一百二十六条”。

第一百二十七条 民事诉讼法第五十六条第三款、第二百零五条以及本解释第三百七十四条、第三百八十四条、第四百零一条、第四百二十二条、第四百二十三条规定的六个月，民事诉讼法第二百二十三条规定的一年，为不变期间，不适用诉讼时效中止、中断、延长的规定。

注：本条为民事诉讼法修改后待修改的条文。修改后的

民事诉讼法条文序号有所变动，本条引用的“民事诉讼法第五十六条第三款、第二百零五条”应为修改后的“民事诉讼法第五十九条第三款、第二百一十二条”，引用的“民事诉讼法第二百二十三条”应为修改后的“民事诉讼法第二百三十条”。

第一百二十八条 再审案件按照第一审程序或者第二审程序审理的，适用民事诉讼法第一百四十九条、第一百七十六条规定的审限。审限自再审立案的次日起算。

注：本条为民事诉讼法修改后待修改的条文。修改后的民事诉讼法条文序号有所变动，本条引用的“民事诉讼法第一百四十九条、第一百七十六条”应为修改后的“民事诉讼法第一百五十二条、第一百八十三条”。

第一百三十条 向法人或者其他组织送达诉讼文书，应当由法人的法定代表人、该组织的主要负责人或者办公室、收发室、值班室等负责收件的人签收或者盖章，拒绝签收或者盖章的，适用留置送达。

民事诉讼法第八十六条规定的有关基层组织和所在单位的代表，可以是受送达人住所地的居民委员会、村民委员会的工作人员以及受送达人所在单位的工作人员。

注：本条为民事诉讼法修改后待修改的条文。修改后的民事诉讼法条文序号有所变动，本条引用的“民事诉讼法第八十六条”应为修改后的“民事诉讼法第八十九条”。

第一百三十四条 依照民事诉讼法第八十八条规定，委托其他人民法院代为送达的，委托法院应当出具委托函，并附需要送达的诉讼文书和送达回证，以受送达人在送达回证上签收的日期为送达日期。

委托送达的，受委托人民法院应当自收到委托函及相关诉讼文书之日起十日内代为送达。

注：本条为民事诉讼法修改后待修改的条文。修改后的民事诉讼法条文序号有所变动，本条引用的“民事诉讼法第八十八条”应为修改后的“民事诉讼法第九十一条”。

第一百三十五条　电子送达可以采用传真、电子邮件、移动通信等即时收悉的特定系统作为送达媒介。

民事诉讼法第八十七条第二款规定的到达受送达人特定系统的日期，为人民法院对应系统显示发送成功的日期，但受送达人证明到达其特定系统的日期与人民法院对应系统显示发送成功的日期不一致的，以受送达人证明到达其特定系统的日期为准。

注：本条为民事诉讼法修改后待修改的条文。修改后的民事诉讼法对原民事诉讼法第八十七条第一款作出修改，不再罗列电子送达的具体媒介和方式，而以“电子方式送达”作概括表述；对原民事诉讼法第八十七条第二款作出修改将“传真、电子邮件等”修改为“送达信息”。同时，因修改后的民事诉讼法条文序号变动，本条引用的“民事诉讼法第八十七条第二款”应为修改后的“民事诉讼法第九十条第二款”。

第一百四十条　适用简易程序的案件，不适用公告送达。

注：本条为民事诉讼法修改后待修改的条文。修改前后

的民事诉讼法，均未规定简易程序案件不适用公告送达。人民法院开展民事诉讼程序繁简分流改革试点工作中调整了本条规定，允许对部分简易程序案件适用公告送达，试点效果良好，有利于降低当事人诉讼成本，实现提升审判质量效率和保障当事人权利的统一，下一步有必要根据修改后的民事诉讼法精神，对本条作出修改。

六、调　　解

第一百四十四条　人民法院审理民事案件，发现当事人之间恶意串通，企图通过和解、调解方式侵害他人合法权益的，应当依照民事诉讼法第一百一十二条的规定处理。

注：本条为民事诉讼法修改后待修改的条文。修改后的民事诉讼法条文序号有所变动，本条引用的“民事诉讼法第一百一十二条”应为修改后的“民事诉讼法第一百一十五条”。

第一百五十一条　根据民事诉讼法第九十八条第一款第四项规定，当事人各方同意在调解协议上签名或者盖章后即发生法律效力的，经人民法院审查确认后，应当记入笔录或者将调解协议附卷，并由当事人、审判人员、书记员签名或者盖章后即具有法律效力。

前款规定情形，当事人请求制作调解书的，人民法院审查确认后可以制作调解书送交当事人。当事人拒收调解书的，不影响调解协议的效力。

注：本条为民事诉讼法修改后待修改的条文。修改后的民事诉讼法条文序号有所变动，本条引用的“民事诉讼法第九十八条第一款第四项”应为修改后的“民事诉讼法第一百零一条第一款第四项”。

七、保全和先予执行

第一百五十二条 人民法院依照民事诉讼法第一百条、第一百零一条规定，在采取诉前保全、诉讼保全措施时，责令利害关系人或者当事人提供担保的，应当书面通知。

利害关系人申请诉前保全的，应当提供担保。申请诉前财产保全的，应当提供相当于请求保全数额的担保；情况特殊的，人民法院可以酌情处理。申请诉前行为保全的，担保的数额由人民法院根据案件的具体情况决定。

在诉讼中，人民法院依申请或者依职权采取保全措施的，应当根据案件的具体情况，决定当事人是否应当提供担保以及担保的数额。

注：本条为民事诉讼法修改后待修改的条文。修改后的民事诉讼法条文序号有所变动，本条引用的“民事诉讼法第一百条、第一百零一条”应为修改后的“民事诉讼法第一百零三条、第一百零四条”。

第一百七十条 民事诉讼法第一百零六条第三项规定的情况紧急，包括：

（一）需要立即停止侵害、排除妨碍的；

（二）需要立即制止某项行为的；

（三）追索恢复生产、经营急需的保险理赔费的；

（四）需要立即返还社会保险金、社会救助资金的；

（五）不立即返还款项，将严重影响权利人生活和生产经营的。

注：本条为民事诉讼法修改后待修改的条文。修改后的民事诉讼法条文序号有所变动，本条引用的“民事诉讼法一百零六条第三项”应为修改后的“民事诉讼法第一百零九条第三项”。

第一百七十二条 利害关系人对保全或者先予执行的裁定不服申请复议的，由作出裁定的人民法院依照民事诉讼法第一百零八条规定处理。

注：本条为民事诉讼法修改后待修改的条文。修改后的民事诉讼法条文序号有所变动，本条引用的“民事诉讼法第一百零八条”应为修改后的“民事诉讼法第一百一十一条”。

第一百七十三条 人民法院先予执行后，根据发生法律效力的判决，申请人应当返还因先予执行所取得的利益的，适用民事诉讼法第二百三十三条的规定。

注：本条为民事诉讼法修改后待修改的条文。修改后的民事诉讼法条文序号有所变动，本条引用的“民事诉讼法第二百三十三条”应为修改后的“民事诉讼法第二百四十条”。

八、对妨害民事诉讼的强制措施

第一百七十四条 民事诉讼法第一百零九条规定的必须

到庭的被告，是指负有赡养、抚育、扶养义务和不到庭就无法查清案情的被告。

人民法院对必须到庭才能查清案件基本事实的原告，经两次传票传唤，无正当理由拒不到庭的，可以拘传。

注：本条为民事诉讼法修改后待修改的条文。为与民法典表述衔接一致，修改后的民事诉讼法已将相关条文中的“抚育费”修改为“抚养费”，本条“抚育费”的表述待修改。同时，因修改后的民事诉讼法条文序号变动，本条引用的“民事诉讼法第一百零九条”应为修改后的“民事诉讼法一百一十二条”。

第一百七十六条　诉讼参与人或者其他人有下列行为之一的，人民法院可以适用民事诉讼法第一百一十条规定处理：

（一）未经准许进行录音、录像、摄影的；

（二）未经准许以移动通信等方式现场传播审判活动的；

（三）其他扰乱法庭秩序，妨害审判活动进行的。

有前款规定情形的，人民法院可以暂扣诉讼参与人或者其他人进行录音、录像、摄影、传播审判活动的器材，并责令其删除有关内容；拒不删除的，人民法院可以采取必要手段强制删除。

注：本条为民事诉讼法修改后待修改的条文。修改后的民事诉讼法条文序号有所变动，本条引用的“民事诉讼法第一百一十条”应为修改后的“民事诉讼法第一百一十三条”。

第一百七十八条　人民法院依照民事诉讼法第一百一十

条至第一百一十四条的规定采取拘留措施的，应经院长批准，作出拘留决定书，由司法警察将被拘留人送交当地公安机关看管。

注：本条为民事诉讼法修改后待修改的条文。修改后的民事诉讼法条文序号有所变动，本条引用的“民事诉讼法第一百一十条至第一百一十四条”应为修改后的“民事诉讼法第一百一十三条至第一百一十七条”。

第一百八十三条 民事诉讼法第一百一十条至第一百一十三条规定的罚款、拘留可以单独适用，也可以合并适用。

注：本条为民事诉讼法修改后待修改的条文。修改后的民事诉讼法条文序号有所变动，本条引用的“民事诉讼法第一百一十条至第一百一十三条”应为修改后的“民事诉讼法第一百一十三条至第一百一十六条”。

第一百八十七条 民事诉讼法第一百一十一条第一款第五项规定的以暴力、威胁或者其他方法阻碍司法工作人员执行职务的行为，包括：

（一）在人民法院哄闹、滞留，不听从司法工作人员劝阻的；

（二）故意毁损、抢夺人民法院法律文书、查封标志的；

（三）哄闹、冲击执行公务现场，围困、扣押执行或者协助执行公务人员的；

（四）毁损、抢夺、扣留案件材料、执行公务车辆、其他执行公务器械、执行公务人员服装和执行公务证件的；

（五）以暴力、威胁或者其他方法阻碍司法工作人员查询、查封、扣押、冻结、划拨、拍卖、变卖财产的；

（六）以暴力、威胁或者其他方法阻碍司法工作人员执行职务的其他行为。

注：本条为民事诉讼法修改后待修改的条文。修改后的民事诉讼法条文序号有所变动，本条引用的“民事诉讼法第一百一十一条第一款第五项”应为修改后的“民事诉讼法第一百一十四条第一款第五项”。

第一百八十八条 民事诉讼法第一百一十一条第一款第六项规定的拒不履行人民法院已经发生法律效力的判决、裁定的行为，包括：

（一）在法律文书发生法律效力后隐藏、转移、变卖、毁损财产或者无偿转让财产、以明显不合理的价格交易财产、放弃到期债权、无偿为他人提供担保等，致使人民法院无法执行的；

（二）隐藏、转移、毁损或者未经人民法院允许处分已向人民法院提供担保的财产的；

（三）违反人民法院限制高消费令进行消费的；

（四）有履行能力而拒不按照人民法院执行通知履行生效法律文书确定的义务的；

（五）有义务协助执行的个人接到人民法院协助执行通知书后，拒不协助执行的。

注：本条为民事诉讼法修改后待修改的条文。修改后的民事诉讼法条文序号有所变动，本条引用的“民事诉讼法第一百一十一条第一款第六项”应为修改后的“民事诉讼法第

一百一十四条第一款第六项”。

第一百八十九条 诉讼参与人或者其他人有下列行为之一的，人民法院可以适用民事诉讼法第一百一十一条的规定处理：

（一）冒充他人提起诉讼或者参加诉讼的；

（二）证人签署保证书后作虚假证言，妨碍人民法院审理案件的；

（三）伪造、隐藏、毁灭或者拒绝交出有关被执行人履行能力的重要证据，妨碍人民法院查明被执行人财产状况的；

（四）擅自解冻已被人民法院冻结的财产的；

（五）接到人民法院协助执行通知书后，给当事人通风报信，协助其转移、隐匿财产的。

注：本条为民事诉讼法修改后待修改的条文。修改后的民事诉讼法条文序号有所变动，本条引用的“民事诉讼法第一百一十一条”应为修改后的“民事诉讼法第一百一十四条”。

第一百九十条 民事诉讼法第一百一十二条规定的他人合法权益，包括案外人的合法权益、国家利益、社会公共利益。

第三人根据民事诉讼法第五十六条第三款规定提起撤销之诉，经审查，原案当事人之间恶意串通进行虚假诉讼的，适用民事诉讼法第一百一十二条规定处理。

注：本条为民事诉讼法修改后待修改的条文。修改后的民事诉讼法条文序号有所变动，本条引用的“民事诉讼法第

一百一十二条”均应为修改后的“民事诉讼法第一百一十五条”，引用的“民事诉讼法第五十六条”应为修改后的“民事诉讼法第五十九条”。

第一百九十一条 单位有民事诉讼法第一百一十二条或者第一百一十三条规定行为的，人民法院应当对该单位进行罚款，并可以对其主要负责人或者直接责任人员予以罚款、拘留；构成犯罪的，依法追究刑事责任。

注：本条为民事诉讼法修改后待修改的条文。修改后的民事诉讼法条文序号有所变动，本条引用的“民事诉讼法第一百一十二条或者第一百一十三条”应为修改后的“民事诉讼法第一百一十五条或者第一百一十六条”。

第一百九十二条 有关单位接到人民法院协助执行通知书后，有下列行为之一的，人民法院可以适用民事诉讼法第一百一十四条规定处理：

（一）允许被执行人高消费的；

（二）允许被执行人出境的；

（三）拒不停止办理有关财产权证照转移手续、权属变更登记、规划审批等手续的；

（四）以需要内部请示、内部审批，有内部规定等为由拖延办理的。

注：本条为民事诉讼法修改后待修改的条文。修改后的民事诉讼法条文序号有所变动，本条引用的“民事诉讼法第一百一十四条”应为修改后的“民事诉讼法第一百一十七条”。

第一百九十三条 人民法院对个人或者单位采取罚款措施时，应当根据其实施妨害民事诉讼行为的性质、情节、后果，当地的经济发展水平，以及诉讼标的额等因素，在民事诉讼法第一百一十五条第一款规定的限额内确定相应的罚款金额。

注：本条为民事诉讼法修改后待修改的条文。修改后的民事诉讼法条文序号有所变动，本条引用的“民事诉讼法第一百一十五条第一款”应为修改后的“民事诉讼法第一百一十八条第一款”。

九、诉讼费用

第一百九十四条 依照民事诉讼法第五十四条审理的案件不预交案件受理费，结案后按照诉讼标的额由败诉方交纳。

注：本条为民事诉讼法修改后待修改的条文。修改后的民事诉讼法条文序号有所变动，本条引用的“民事诉讼法第五十四条”应为修改后的“民事诉讼法第五十七条”。

十、第一审普通程序

第二百零八条 人民法院接到当事人提交的民事起诉状时，对符合民事诉讼法第一百一十九条的规定，且不属于第一百二十四条规定情形的，应当登记立案；对当场不能判定是否符合起诉条件的，应当接收起诉材料，并出具注明收到日期的书面凭证。

需要补充必要相关材料的，人民法院应当及时告知当事人。在补齐相关材料后，应当在七日内决定是否立案。

立案后发现不符合起诉条件或者属于民事诉讼法第一百二十四条规定情形的，裁定驳回起诉。

注：本条为民事诉讼法修改后待修改的条文。修改后的民事诉讼法条文序号有所变动，本条引用的“民事诉讼法第一百一十九条”应为修改后的“民事诉讼法第一百二十二条”，引用的“民事诉讼法第一百二十四条”应为修改后的“民事诉讼法第一百二十七条”。

第二百一十二条 裁定不予受理、驳回起诉的案件，原告再次起诉，符合起诉条件且不属于民事诉讼法第一百二十四条规定情形的，人民法院应予受理。

注：本条为民事诉讼法修改后待修改的条文。修改后的民事诉讼法条文序号有所变动，本条引用的“民事诉讼法第一百二十四条”应为修改后的“民事诉讼法第一百二十七条”。

第二百一十四条 原告撤诉或者人民法院按撤诉处理后，原告以同一诉讼请求再次起诉的，人民法院应予受理。

原告撤诉或者按撤诉处理的离婚案件，没有新情况、新理由，六个月内又起诉的，比照民事诉讼法第一百二十四条第七项的规定不予受理。

注：本条为民事诉讼法修改后待修改的条文。修改后的民事诉讼法条文序号有所变动，本条引用的“民事诉讼法第

一百二十四条第七项”应为修改后的“民事诉讼法第一百二十七条第七项”。

第二百一十五条 依照民事诉讼法第一百二十四条第二项的规定，当事人在书面合同中订有仲裁条款，或者在发生纠纷后达成书面仲裁协议，一方向人民法院起诉的，人民法院应当告知原告向仲裁机构申请仲裁，其坚持起诉的，裁定不予受理，但仲裁条款或者仲裁协议不成立、无效、失效、内容不明确无法执行的除外。

注：本条为民事诉讼法修改后待修改的条文。修改后的民事诉讼法条文序号有所变动，本条引用的“民事诉讼法第一百二十四条第二项”应为修改后的“民事诉讼法第一百二十七条第二项”。

第二百一十八条 赡养费、扶养费、抚育费案件，裁判发生法律效力后，因新情况、新理由，一方当事人再行起诉要求增加或者减少费用的，人民法院应作为新案受理。

注：本条为民事诉讼法修改后待修改的条文。为与民法典表述衔接一致，修改后的民事诉讼法已将相关条文中“抚育费”的表述修改为“抚养费”，本条“抚育费”的表述待修改。

第二百二十条 民事诉讼法第六十八条、第一百三十四条、第一百五十六条规定的商业秘密，是指生产工艺、配方、贸易联系、购销渠道等当事人不愿公开的技术秘密、商业情报及信息。

注：本条为民事诉讼法修改后待修改的条文。修改后的

民事诉讼法条文序号有所变动，本条引用的“民事诉讼法第六十八条、第一百三十四条、第一百五十六条”应为修改后的“民事诉讼法第七十一条、第一百三十七条、第一百五十九条”。

第二百二十三条 当事人在提交答辩状期间提出管辖异议，又针对起诉状的内容进行答辩的，人民法院应当依照民事诉讼法第一百二十七条第一款的规定，对管辖异议进行审查。

当事人未提出管辖异议，就案件实体内容进行答辩、陈述或者反诉的，可以认定为民事诉讼法第一百二十七条第二款规定的应诉答辩。

注：本条为民事诉讼法修改后待修改的条文。修改后的民事诉讼法条文序号有所变动，本条引用的“民事诉讼法第一百二十七条第一款”应为修改后的“民事诉讼法第一百三十条第一款”，引用的“民事诉讼法第一百二十七条第二款”应为修改后的“民事诉讼法第一百三十条第二款”。

第二百二十四条 依照民事诉讼法第一百三十三条第四项规定，人民法院可以在答辩期届满后，通过组织证据交换、召集庭前会议等方式，作好审理前的准备。

注：本条为民事诉讼法修改后待修改的条文。修改后的民事诉讼法条文序号有所变动，本条引用的“民事诉讼法第一百三十三条第四项”应为修改后的“民事诉讼法第一百三十六条第四项”。

第二百三十一条 当事人在法庭上提出新的证据的，人民法院应当依照民事诉讼法第六十五条第二款规定和本解释相关规定处理。

注：本条为民事诉讼法修改后待修改的条文。修改后的民事诉讼法条文序号有所变动，本条引用的“民事诉讼法第六十五条第二款”应为修改后的“民事诉讼法第六十八条第二款”。

第二百三十五条 无民事行为能力的当事人的法定代理人，经传票传唤无正当理由拒不到庭，属于原告方的，比照民事诉讼法第一百四十三条的规定，按撤诉处理；属于被告方的，比照民事诉讼法第一百四十四条的规定，缺席判决。必要时，人民法院可以拘传其到庭。

注：本条为民事诉讼法修改后待修改的条文。修改后的民事诉讼法条文序号有所变动，本条引用的“民事诉讼法第一百四十三条”应为修改后的“民事诉讼法第一百四十六条”，引用的“民事诉讼法第一百四十四条”应为修改后的“民事诉讼法第一百四十七条”。

第二百三十六条 有独立请求权的第三人经人民法院传票传唤，无正当理由拒不到庭的，或者未经法庭许可中途退庭的，比照民事诉讼法第一百四十三条的规定，按撤诉处理。

注：本条为民事诉讼法修改后待修改的条文。修改后的民事诉讼法条文序号有所变动，本条引用的“民事诉讼法第一百四十三条”应为修改后的“民事诉讼法第一百四十六条”。

第二百四十三条 民事诉讼法第一百四十九条规定的审

限，是指从立案之日起至裁判宣告、调解书送达之日止的期间，但公告期间、鉴定期间、双方当事人和解期间、审理当事人提出的管辖异议以及处理人民法院之间的管辖争议期间不应计算在内。

注：本条为民事诉讼法修改后待修改的条文。修改后的民事诉讼法条文序号有所变动，本条引用的“民事诉讼法第一百四十九条”应为修改后的“民事诉讼法第一百五十二条”。

第二百四十五条　民事诉讼法第一百五十四条第一款第七项规定的笔误是指法律文书误写、误算，诉讼费用漏写、误算和其他笔误。

注：本条为民事诉讼法修改后待修改的条文。修改后的民事诉讼法条文序号有所变动，本条引用的“民事诉讼法第一百五十四条第一款第七项”应为修改后的“民事诉讼法第一百五十七条第一款第七项”。

第二百五十一条　二审裁定撤销一审判决发回重审的案件，当事人申请变更、增加诉讼请求或者提出反诉，第三人提出与本案有关的诉讼请求的，依照民事诉讼法第一百四十条规定处理。

注：本条为民事诉讼法修改后待修改的条文。修改后的民事诉讼法条文序号有所变动，本条引用的“民事诉讼法第一百四十条”应为修改后的“民事诉讼法第一百四十三条”。

十一、简易程序

第二百五十六条 民事诉讼法第一百五十七条规定的简单民事案件中的事实清楚，是指当事人对争议的事实陈述基本一致，并能提供相应的证据，无须人民法院调查收集证据即可查明事实；权利义务关系明确是指能明确区分谁是责任的承担者，谁是权利的享有者；争议不大是指当事人对案件的是非、责任承担以及诉讼标的争执无原则分歧。

注：本条为民事诉讼法修改后待修改的条文。修改后的民事诉讼法条文序号有所变动，本条引用的“民事诉讼法第一百五十七条”应为修改后的“民事诉讼法第一百六十条”。

第二百五十七条 下列案件，不适用简易程序：

（一）起诉时被告下落不明的；

（二）发回重审的；

（三）当事人一方人数众多的；

（四）适用审判监督程序的；

（五）涉及国家利益、社会公共利益的；

（六）第三人起诉请求改变或者撤销生效判决、裁定、调解书的；

（七）其他不宜适用简易程序的案件。

注：本条为民事诉讼法修改后待修改的条文，修改的理由和必要性同前述本解释第一百四十条。

第二百五十八条 适用简易程序审理的案件，审理期限到期后，双方当事人同意继续适用简易程序的，由本院院长批准，可以延长审理期限。延长后的审理期限累计不得超过六个月。

人民法院发现案情复杂，需要转为普通程序审理的，应当在审理期限届满前作出裁定并将合议庭组成人员及相关事项书面通知双方当事人。

案件转为普通程序审理的，审理期限自人民法院立案之日计算。

注：本条为民事诉讼法修改后待修改的条文。修改后的民事诉讼法第一百六十四条调整了简易程序的延长审限规则，本条需根据调整内容作出修改。

第二百六十三条　适用简易程序审理案件，卷宗中应当具备以下材料：

（一）起诉状或者口头起诉笔录；

（二）答辩状或者口头答辩笔录；

（三）当事人身份证明材料；

（四）委托他人代理诉讼的授权委托书或者口头委托笔录；

（五）证据；

（六）询问当事人笔录；

（七）审理（包括调解）笔录；

（八）判决书、裁定书、调解书或者调解协议；

（九）送达和宣判笔录；

（十）执行情况；

（十一）诉讼费收据；

（十二）适用民事诉讼法第一百六十二条规定审理的，有关程序适用的书面告知。

注：本条为民事诉讼法修改后待修改的条文。修改后的民事诉讼法条文序号有所变动，本条引用的“民事诉讼法第一百六十二条”应为修改后的“民事诉讼法第一百六十五条”。

第二百六十四条 当事人双方根据民事诉讼法第一百五十七条第二款规定约定适用简易程序的，应当在开庭前提出。口头提出的，记入笔录，由双方当事人签名或者捺印确认。

本解释第二百五十七条规定的案件，当事人约定适用简易程序的，人民法院不予准许。

注：本条为民事诉讼法修改后待修改的条文。修改后的民事诉讼法条文序号有所变动，本条引用的“民事诉讼法第一百五十七条第二款”应为修改后的“民事诉讼法第一百六十条第二款”。

第二百六十九条 当事人就案件适用简易程序提出异议，人民法院经审查，异议成立的，裁定转为普通程序；异议不成立的，口头告知当事人，并记入笔录。

转为普通程序的，人民法院应当将合议庭组成人员及相关事项以书面形式通知双方当事人。

转为普通程序前，双方当事人已确认的事实，可以不再进行举证、质证。

注：本条为民事诉讼法修改后待修改的条文。修改后的

民事诉讼法明确了对程序转换异议的处理应当以裁定方式作出，本条需根据新规定作出修改。

十二、简易程序中的小额诉讼

第二百七十一条 人民法院审理小额诉讼案件，适用民事诉讼法第一百六十二条的规定，实行一审终审。

注：本条为民事诉讼法修改后待修改的条文。修改后的民事诉讼法第一百六十五条对小额诉讼程序的适用案件范围、适用条件、适用模式和标的额标准作出了规定，本条需根据新规定作出修改。同时，因修改后的民事诉讼法条文序号变动，本条引用的“民事诉讼法第一百六十二条”应为修改后的“民事诉讼法第一百六十五条”。

第二百七十二条 民事诉讼法第一百六十二条规定的各省、自治区、直辖市上年度就业人员年平均工资，是指已经公布的各省、自治区、直辖市上一年度就业人员年平均工资。在上一年度就业人员年平均工资公布前，以已经公布的最近年度就业人员年平均工资为准。

注：本条为民事诉讼法修改后待修改的条文。修改后的民事诉讼法条文序号有所变动，本条引用的“民事诉讼法第一百六十二条”应为修改后的“民事诉讼法第一百六十五条”。

第二百七十三条 海事法院可以审理海事、海商小额诉讼案件。案件标的额应当以实际受理案件的海事法院或者其派出法庭所在的省、自治区、直辖市上年度就业人员年平均工资百分之三十为限。

注： 本条为民事诉讼法修改后待修改的条文。修改后的民事诉讼法第一百六十五条对小额诉讼程序适用的标的额标准作出了修改，本条中关于海事法院及其派出法庭适用小额诉讼程序的标的额标准，需根据新规定作出修改。

第二百七十四条 下列金钱给付的案件，适用小额诉讼程序审理：

（一）买卖合同、借款合同、租赁合同纠纷；

（二）身份关系清楚，仅在给付的数额、时间、方式上存在争议的赡养费、抚育费、扶养费纠纷；

（三）责任明确，仅在给付的数额、时间、方式上存在争议的交通事故损害赔偿和其他人身损害赔偿纠纷；

（四）供用水、电、气、热力合同纠纷；

（五）银行卡纠纷；

（六）劳动关系清楚，仅在劳动报酬、工伤医疗费、经济补偿金或者赔偿金给付数额、时间、方式上存在争议的劳动合同纠纷；

（七）劳务关系清楚，仅在劳务报酬给付数额、时间、方式上存在争议的劳务合同纠纷；

（八）物业、电信等服务合同纠纷；

（九）其他金钱给付纠纷。

注： 本条为民事诉讼法修改后待修改的条文。修改后的民事诉讼法第一百六十五明确了小额诉讼程序适用于简单金

钱给付民事案件，未限定具体案件类型，本条需根据新规定作出修改。

第二百七十五条 下列案件，不适用小额诉讼程序审理：

（一）人身关系、财产确权纠纷；

（二）涉外民事纠纷；

（三）知识产权纠纷；

（四）需要评估、鉴定或者对诉前评估、鉴定结果有异议的纠纷；

（五）其他不宜适用一审终审的纠纷。

注：本条为民事诉讼法修改后待修改的条文。修改后的民事诉讼法第一百六十六条明确了不适用小额诉讼程序的案件类型，不再将知识产权纠纷排除在小额诉讼程序的适用范围之外，本条需根据新规定作出修改。

第二百七十九条 人民法院受理小额诉讼案件后，发现起诉不符合民事诉讼法第一百一十九条规定的起诉条件的，裁定驳回起诉。裁定一经作出即生效。

注：本条为民事诉讼法修改后待修改的条文。修改后的民事诉讼法条文序号有所变动，本条引用的“民事诉讼法第一百一十九条”应为修改后的“民事诉讼法第一百二十二条”。

第二百八十一条 当事人对按照小额诉讼案件审理有异议的，应当在开庭前提出。人民法院经审查，异议成立的，适用简易程序的其他规定审理；异议不成立的，告知当事人，并记入笔录。

注：本条为民事诉讼法修改后待修改的条文。修改后的民事诉讼法第一百六十九条明确了对小额诉讼程序提出异议的处理应当以裁定形式作出，本条需根据新规定作出调整。

十三、公益诉讼

第二百八十四条 环境保护法、消费者权益保护法等法律规定的机关和有关组织对污染环境、侵害众多消费者合法权益等损害社会公共利益的行为，根据民事诉讼法第五十五条规定提起公益诉讼，符合下列条件的，人民法院应当受理：

（一）有明确的被告；

（二）有具体的诉讼请求；

（三）有社会公共利益受到损害的初步证据；

（四）属于人民法院受理民事诉讼的范围和受诉人民法院管辖。

注：本条为民事诉讼法修改后待修改的条文。修改后的民事诉讼法条文序号有所变动，本条引用的“民事诉讼法第五十五条”应为修改后的“民事诉讼法第五十八条”。

第二百八十八条 人民法院受理公益诉讼案件，不影响同一侵权行为的受害人根据民事诉讼法第一百一十九条规定提起诉讼。

注：本条为民事诉讼法修改后待修改的条文。修改后的民事诉讼法条文序号有所变动，本条引用的“民事诉讼法第一百一十九条”应为修改后的“民事诉讼法第一百二十二条”。

十四、第三人撤销之诉

第二百九十五条 民事诉讼法第五十六条第三款规定的因不能归责于本人的事由未参加诉讼，是指没有被列为生效判决、裁定、调解书当事人，且无过错或者无明显过错的情形。包括：

（一）不知道诉讼而未参加的；

（二）申请参加未获准许的；

（三）知道诉讼，但因客观原因无法参加的；

（四）因其他不能归责于本人的事由未参加诉讼的。

注：本条为民事诉讼法修改后待修改的条文。修改后的民事诉讼法条文序号有所变动，本条引用的“民事诉讼法第五十六条第三款”应为修改后的“民事诉讼法第五十九条第三款”。

第二百九十六条 民事诉讼法第五十六条第三款规定的判决、裁定、调解书的部分或者全部内容，是指判决、裁定的主文，调解书中处理当事人民事权利义务的结果。

注：本条为民事诉讼法修改后待修改的条文。修改后的民事诉讼法条文序号有所变动，本条引用的“民事诉讼法第五十六条第三款”应为修改后的“民事诉讼法第五十九条第三款”。

第二百九十七条 对下列情形提起第三人撤销之诉的，人民法院不予受理：

（一）适用特别程序、督促程序、公示催告程序、破产程序等非讼程序处理的案件；

（二）婚姻无效、撤销或者解除婚姻关系等判决、裁定、调解书中涉及身份关系的内容；

（三）民事诉讼法第五十四条规定的未参加登记的权利人对代表人诉讼案件的生效裁判；

（四）民事诉讼法第五十五条规定的损害社会公共利益行为的受害人对公益诉讼案件的生效裁判。

注：本条为民事诉讼法修改后待修改的条文。修改后的民事诉讼法条文序号有所变动，本条引用的“民事诉讼法第五十四条”应为修改后的“民事诉讼法第五十七条”，引用的“民事诉讼法第五十五条”应为修改后的“民事诉讼法第五十八条”。

第三百零三条　第三人提起撤销之诉后，未中止生效判决、裁定、调解书执行的，执行法院对第三人依照民事诉讼法第二百二十七条规定提出的执行异议，应予审查。第三人不服驳回执行异议裁定，申请对原判决、裁定、调解书再审的，人民法院不予受理。

案外人对人民法院驳回其执行异议裁定不服，认为原判决、裁定、调解书内容错误损害其合法权益的，应当根据民事诉讼法第二百二十七条规定申请再审，提起第三人撤销之诉的，人民法院不予受理。

注：本条为民事诉讼法修改后待修改的条文。修改后的民事诉讼法条文序号有所变动，本条引用的“民事诉讼法第

二百二十七条”应为修改后的“民事诉讼法第二百三十四条”。

十五、执行异议之诉

第三百零四条 根据民事诉讼法第二百二十七条规定，案外人、当事人对执行异议裁定不服，自裁定送达之日起十五日内向人民法院提起执行异议之诉的，由执行法院管辖。

注：本条为民事诉讼法修改后待修改的条文。修改后的民事诉讼法条文序号有所变动，本条引用的“民事诉讼法第二百二十七条”应为修改后的“民事诉讼法第二百三十四条”。

第三百零五条 案外人提起执行异议之诉，除符合民事诉讼法第一百一十九条规定外，还应当具备下列条件：

（一）案外人的执行异议申请已经被人民法院裁定驳回；

（二）有明确的排除对执行标的执行的诉讼请求，且诉讼请求与原判决、裁定无关；

（三）自执行异议裁定送达之日起十五日内提起。

人民法院应当在收到起诉状之日起十五日内决定是否立案。

注：本条为民事诉讼法修改后待修改的条文。修改后的民事诉讼法条文序号有所变动，本条引用的“民事诉讼法第一百一十九条”应为修改后的“民事诉讼法第一百二十二条”。

第三百零六条 申请执行人提起执行异议之诉，除符合民事诉讼法第一百一十九条规定外，还应当具备下列条件：

（一）依案外人执行异议申请，人民法院裁定中止执行；

（二）有明确的对执行标的继续执行的诉讼请求，且诉讼请求与原判决、裁定无关；

（三）自执行异议裁定送达之日起十五日内提起。

人民法院应当在收到起诉状之日起十五日内决定是否立案。

注：本条为民事诉讼法修改后待修改的条文。修改后的民事诉讼法条文序号有所变动，本条引用的“民事诉讼法第一百一十九条”应为修改后的“民事诉讼法第一百二十二条”。

第三百一十五条 案外人执行异议之诉审理期间，人民法院不得对执行标的进行处分。申请执行人请求人民法院继续执行并提供相应担保的，人民法院可以准许。

被执行人与案外人恶意串通，通过执行异议、执行异议之诉妨害执行的，人民法院应当依照民事诉讼法第一百一十三条规定处理。申请执行人因此受到损害的，可以提起诉讼要求被执行人、案外人赔偿。

注：本条为民事诉讼法修改后待修改的条文。修改后的民事诉讼法条文序号有所变动，本条引用的“民事诉讼法第一百一十三条”应为修改后的“民事诉讼法第一百一十六条”。

十六、第二审程序

第三百一十八条 民事诉讼法第一百六十六条、第一百六十七条规定的对方当事人包括被上诉人和原审其他当事人。

注：本条为民事诉讼法修改后待修改的条文。修改后的民事诉讼法条文序号有所变动，本条引用的“民事诉讼法第一百六十六条、第一百六十七条”应为修改后的“民事诉讼法第一百七十三条、第一百七十四条”。

第三百二十二条 上诉案件的当事人死亡或者终止的，人民法院依法通知其权利义务承继者参加诉讼。

需要终结诉讼的，适用民事诉讼法第一百五十一条规定。

注：本条为民事诉讼法修改后待修改的条文。修改后的民事诉讼法条文序号有所变动，本条引用的“民事诉讼法第一百五十一条”应为修改后的“民事诉讼法第一百五十四条”。

第三百二十四条 开庭审理的上诉案件，第二审人民法院可以依照民事诉讼法第一百三十三条第四项规定进行审理前的准备。

注：本条为民事诉讼法修改后待修改的条文。修改后的民事诉讼法条文序号有所变动，本条引用的“民事诉讼法第一百三十三条第四项”应为修改后的“民事诉讼法一百三十六条第四项”。

第三百二十五条 下列情形，可以认定为民事诉讼法第一百七十条第一款第四项规定的严重违反法定程序：

（一）审判组织的组成不合法的；

（二）应当回避的审判人员未回避的；

（三）无诉讼行为能力人未经法定代理人代为诉讼的；

（四）违法剥夺当事人辩论权利的。

注：本条为民事诉讼法修改后待修改的条文。修改后的民事诉讼法条文序号有所变动，本条引用的“民事诉讼法第一百七十条第一款第四项”应为修改后的“民事诉讼法第一百七十七条第一款第四项”。

第三百三十三条　第二审人民法院对下列上诉案件，依照民事诉讼法第一百六十九条规定可以不开庭审理：

（一）不服不予受理、管辖权异议和驳回起诉裁定的；

（二）当事人提出的上诉请求明显不能成立的；

（三）原判决、裁定认定事实清楚，但适用法律错误的；

（四）原判决严重违反法定程序，需要发回重审的。

注：本条为民事诉讼法修改后待修改的条文。修改后的民事诉讼法条文序号有所变动，本条引用的“民事诉讼法第一百六十九条”应为修改后的“民事诉讼法第一百七十六条”。

第三百三十四条　原判决、裁定认定事实或者适用法律虽有瑕疵，但裁判结果正确的，第二审人民法院可以在判决、裁定中纠正瑕疵后，依照民事诉讼法第一百七十条第一款第一项规定予以维持。

注：本条为民事诉讼法修改后待修改的条文。修改后的

民事诉讼法条文序号有所变动，本条引用的“民事诉讼法第一百七十条第一款第一项”应为修改后的“民事诉讼法第一百七十七条第一款第一项”。

第三百三十五条 民事诉讼法第一百七十条第一款第三项规定的基本事实，是指用以确定当事人主体资格、案件性质、民事权利义务等对原判决、裁定的结果有实质性影响的事实。

注：本条为民事诉讼法修改后待修改的条文。修改后的民事诉讼法条文序号有所变动，本条引用的“民事诉讼法第一百七十条第一款第三项”应为修改后的“民事诉讼法第一百七十七条第一款第三项”。

十七、特别程序

第三百四十五条 人民法院判决宣告公民失踪后，利害关系人向人民法院申请宣告失踪人死亡，自失踪之日起满四年的，人民法院应当受理，宣告失踪的判决即是该公民失踪的证明，审理中仍应依照民事诉讼法第一百八十五条规定进行公告。

注：本条为民事诉讼法修改后待修改的条文。修改后的民事诉讼法条文序号有所变动，本条引用的“民事诉讼法第一百八十五条”应为修改后的“民事诉讼法第一百九十二条”。

第三百四十九条 在诉讼中，当事人的利害关系人提出该当事人患有精神病，要求宣告该当事人无民事行为能力或者限制民事行为能力的，应由利害关系人向人民法院提出申请，由受诉人民法院按照特别程序立案审理，原诉讼中止。

注：本条为民事诉讼法修改后待修改的条文。修改后的民事诉讼法第一百九十四条调整了认定公民无民事行为能力、限制民事行为能力申请主体的规定，本条需根据新规定作出修改。

第三百五十三条 申请司法确认调解协议的，双方当事人应当本人或者由符合民事诉讼法第五十八条规定的代理人向调解组织所在地基层人民法院或者人民法庭提出申请。

注：本条为民事诉讼法修改后待修改的条文。修改后的民事诉讼法第二百零一条明确了司法确认案件的管辖规则，本条需根据新规定作出修改。同时，因修改后的民事诉讼法条文序号变动，本条引用的“民事诉讼法第五十八条”应为修改后的“民事诉讼法第六十一条”。

第三百六十一条 民事诉讼法第一百九十六条规定的担保物权人，包括抵押权人、质权人、留置权人；其他有权请求实现担保物权的人，包括抵押人、出质人、财产被留置的债务人或者所有权人等。

注：本条为民事诉讼法修改后待修改的条文。修改后的民事诉讼法条文序号有所变动，本条引用的“民事诉讼法第一百九十六条”应为修改后的“民事诉讼法第二百零三条”。

第三百七十四条 适用特别程序作出的判决、裁定，当事人、利害关系人认为有错误的，可以向作出该判决、裁定的人民法院提出异议。人民法院经审查，异议成立或者部分成立的，作出新的判决、裁定撤销或者改变原判决、裁定；异议不成立的，裁定驳回。

对人民法院作出的确认调解协议、准许实现担保物权的裁定，当事人有异议的，应当自收到裁定之日起十五日内提出；利害关系人有异议的，自知道或者应当知道其民事权益受到侵害之日起六个月内提出。

注：本条为民事诉讼法修改后待修改的条文。修改后的民事诉讼法第一百九十四条将认定公民无民事行为能力或者限制民事行为能力的申请人修改为“利害关系人或者有关组织”，本条需根据新规定作出修改。

十八、审判监督程序

第三百七十五条　当事人死亡或者终止的，其权利义务承继者可以根据民事诉讼法第一百九十九条、第二百零一条的规定申请再审。

判决、调解书生效后，当事人将判决、调解书确认的债权转让，债权受让人对该判决、调解书不服申请再审的，人民法院不予受理。

注：本条为民事诉讼法修改后待修改的条文。修改后的民事诉讼法条文序号有所变动，本条引用的“民事诉讼法第一百九十九条、第二百零一条”应为修改后的“民事诉讼法第二百零六条、第二百零八条”。

第三百七十六条 民事诉讼法第一百九十九条规定的人数众多的一方当事人，包括公民、法人和其他组织。

民事诉讼法第一百九十九条规定的当事人双方为公民的案件，是指原告和被告均为公民的案件。

注：本条为民事诉讼法修改后待修改的条文。修改后的民事诉讼法条文序号有所变动，本条引用的“民事诉讼法第一百九十九条”应为修改后的“民事诉讼法第二百零六条”。

第三百八十二条 当事人就离婚案件中的财产分割问题申请再审，如涉及判决中已分割的财产，人民法院应当依照民事诉讼法第二百条的规定进行审查，符合再审条件的，应当裁定再审；如涉及判决中未作处理的夫妻共同财产，应当告知当事人另行起诉。

注：本条为民事诉讼法修改后待修改的条文。修改后的民事诉讼法条文序号有所变动，本条引用的“民事诉讼法第二百条”应为修改后的“民事诉讼法第二百零七条”。

第三百八十六条 人民法院受理申请再审案件后，应当依照民事诉讼法第二百条、第二百零一条、第二百零四条等规定，对当事人主张的再审事由进行审查。

注：本条为民事诉讼法修改后待修改的条文。修改后的民事诉讼法条文序号有所变动，本条引用的“民事诉讼法第二百条、第二百零一条、第二百零四条”应为修改后的“民事诉讼法第二百零七条、第二百零八条、第二百一十一条”。

第三百八十七条 再审申请人提供的新的证据，能够证明原判决、裁定认定基本事实或者裁判结果错误的，应当认定为民事诉讼法第二百条第一项规定的情形。

对于符合前款规定的证据，人民法院应当责令再审申请人说明其逾期提供该证据的理由；拒不说明理由或者理由不成立的，依照民事诉讼法第六十五条第二款和本解释第一百零二条的规定处理。

注：本条为民事诉讼法修改后待修改的条文。修改后的民事诉讼法条文序号有所变动，本条引用的“民事诉讼法第二百条第一项”应为修改后的“民事诉讼法第二百零七条第一项”，引用的“民事诉讼法第六十五条第二款”应为修改后的“民事诉讼法第六十八条第二款”。

第三百八十八条 再审申请人证明其提交的新的证据符合下列情形之一的，可以认定逾期提供证据的理由成立：

（一）在原审庭审结束前已经存在，因客观原因于庭审结束后才发现的；

（二）在原审庭审结束前已经发现，但因客观原因无法取得或者在规定的期限内不能提供的；

（三）在原审庭审结束后形成，无法据此另行提起诉讼的。

再审申请人提交的证据在原审中已经提供，原审人民法院未组织质证且未作为裁判根据的，视为逾期提供证据的理由成立，但原审人民法院依照民事诉讼法第六十五条规定不予采纳的除外。

注：本条为民事诉讼法修改后待修改的条文。修改后的民事诉讼法条文序号有所变动，本条引用的“民事诉讼法第

六十五条”应为修改后的“民事诉讼法第六十八条”。

第三百八十九条 当事人对原判决、裁定认定事实的主要证据在原审中拒绝发表质证意见或者质证中未对证据发表质证意见的，不属于民事诉讼法第二百条第四项规定的未经质证的情形。

注：本条为民事诉讼法修改后待修改的条文。修改后的民事诉讼法条文序号有所变动，本条引用的“民事诉讼法第二百条第四项”应为修改后的“民事诉讼法第二百零七条第四项”。

第三百九十条 有下列情形之一，导致判决、裁定结果错误的，应当认定为民事诉讼法第二百条第六项规定的原判决、裁定适用法律确有错误：

（一）适用的法律与案件性质明显不符的；

（二）确定民事责任明显违背当事人约定或者法律规定的；

（三）适用已经失效或者尚未施行的法律的；

（四）违反法律溯及力规定的；

（五）违反法律适用规则的；

（六）明显违背立法原意的。

注：本条为民事诉讼法修改后待修改的条文。修改后的民事诉讼法条文序号有所变动，本条引用的“民事诉讼法第二百条第六项”应为修改后的“民事诉讼法第二百零七条第六项”。

第三百九十一条 原审开庭过程中有下列情形之一的，

应当认定为民事诉讼法第二百条第九项规定的剥夺当事人辩论权利：

（一）不允许当事人发表辩论意见的；

（二）应当开庭审理而未开庭审理的；

（三）违反法律规定送达起诉状副本或者上诉状副本，致使当事人无法行使辩论权利的；

（四）违法剥夺当事人辩论权利的其他情形。

注：本条为民事诉讼法修改后待修改的条文。修改后的民事诉讼法条文序号有所变动，本条引用的“民事诉讼法第二百条第九项”应为修改后的“民事诉讼法第二百零七条第九项”。

第三百九十二条 民事诉讼法第二百条第十一项规定的诉讼请求，包括一审诉讼请求、二审上诉请求，但当事人未对一审判决、裁定遗漏或者超出诉讼请求提起上诉的除外。

注：本条为民事诉讼法修改后待修改的条文。修改后的民事诉讼法条文序号有所变动，本条引用的“民事诉讼法第二百条第十一项”应为修改后的“民事诉讼法第二百零七条第十一项”。

第三百九十三条 民事诉讼法第二百条第十二项规定的法律文书包括：

（一）发生法律效力的判决书、裁定书、调解书；

（二）发生法律效力的仲裁裁决书；

（三）具有强制执行效力的公证债权文书。

注：本条为民事诉讼法修改后待修改的条文。修改后的

民事诉讼法条文序号有所变动，本条引用的“民事诉讼法第二百条第十二项”应为修改后的“民事诉讼法第二百零七条第十二项”。

第三百九十四条 民事诉讼法第二百条第十三项规定的审判人员审理该案件时有贪污受贿、徇私舞弊、枉法裁判行为，是指已经由生效刑事法律文书或者纪律处分决定所确认的行为。

注：本条为民事诉讼法修改后待修改的条文。修改后的民事诉讼法条文序号有所变动，本条引用的“民事诉讼法第二百条第十三项”应为修改后的“民事诉讼法第二百零七条第十三项”。

第三百九十六条 人民法院对已经发生法律效力的判决、裁定、调解书依法决定再审，依照民事诉讼法第二百零六条规定，需要中止执行的，应当在再审裁定中同时写明中止原判决、裁定、调解书的执行；情况紧急的，可以将中止执行裁定口头通知负责执行的人民法院，并在通知后十日内发出裁定书。

注：本条为民事诉讼法修改后待修改的条文。修改后的民事诉讼法条文序号有所变动，本条引用的“民事诉讼法第二百零六条”应为修改后的“民事诉讼法第二百一十三条”。

第四百零一条 人民法院准许撤回再审申请或者按撤回再审申请处理后，再审申请人再次申请再审的，不予受理，但有民事诉讼法第二百条第一项、第三项、第十二项、第十三项规定情形，自知道或者应当知道之日起六个月内提出的除外。

注：本条为民事诉讼法修改后待修改的条文。修改后的民事诉讼法条文序号有所变动，本条引用的“民事诉讼法第二百条第一项、第三项、第十二项、第十三项”应为修改后的“民事诉讼法第二百零七条第一项、第三项、第十二项、第十三项”。

第四百零五条 人民法院审理再审案件应当围绕再审请求进行。当事人的再审请求超出原审诉讼请求的，不予审理；符合另案诉讼条件的，告知当事人可以另行起诉。

被申请人及原审其他当事人在庭审辩论结束前提出的再审请求，符合民事诉讼法第二百零五条规定的，人民法院应当一并审理。

人民法院经再审，发现已经发生法律效力的判决、裁定损害国家利益、社会公共利益、他人合法权益的，应当一并审理。

注：本条为民事诉讼法修改后待修改的条文。修改后的民事诉讼法条文序号有所变动，本条引用的“民事诉讼法第二百条零五条”应为修改后的“民事诉讼法第二百一十二条”。

第四百零八条 按照第二审程序再审的案件，人民法院经审理认为不符合民事诉讼法规定的起诉条件或者符合民事诉讼法第一百二十四条规定不予受理情形的，应当裁定撤销一、二审判决，驳回起诉。

注：本条为民事诉讼法修改后待修改的条文。修改后的民事诉讼法条文序号有所变动，本条引用的“民事诉讼法第

一百二十四条”应为修改后的“民事诉讼法第一百二十七条”。

第四百一十五条 人民检察院依照民事诉讼法第二百零九条第一款第三项规定对有明显错误的再审判决、裁定提出抗诉或者再审检察建议的，人民法院应予受理。

注：本条为民事诉讼法修改后待修改的条文。修改后的民事诉讼法条文序号有所变动，本条引用的“民事诉讼法第二百零九条第一款第三项”应为修改后的“民事诉讼法第二百一十六条第一款第三项”。

第四百一十六条 地方各级人民检察院依当事人的申请对生效判决、裁定向同级人民法院提出再审检察建议，符合下列条件的，应予受理：

（一）再审检察建议书和原审当事人申请书及相关证据材料已经提交；

（二）建议再审的对象为依照民事诉讼法和本解释规定可以进行再审的判决、裁定；

（三）再审检察建议书列明该判决、裁定有民事诉讼法第二百零八条第二款规定情形；

（四）符合民事诉讼法第二百零九条第一款第一项、第二项规定情形；

（五）再审检察建议经该人民检察院检察委员会讨论决定。

不符合前款规定的，人民法院可以建议人民检察院予以补正或者撤回；不予补正或者撤回的，应当函告人民检察院不予受理。

注：本条为民事诉讼法修改后待修改的条文。修改后的民事诉讼法条文序号有所变动，本条引用的“民事诉讼法第二百零八条第二款”应为修改后的“民事诉讼法第二百一十五条第二款”，引用的“民事诉讼法第二百零九条第一款第一项、第二项”应为修改后的“民事诉讼法第二百一十六条第一款第一项、第二项”。

第四百一十七条 人民检察院依当事人的申请对生效判决、裁定提出抗诉，符合下列条件的，人民法院应当在三十日内裁定再审：

（一）抗诉书和原审当事人申请书及相关证据材料已经提交；

（二）抗诉对象为依照民事诉讼法和本解释规定可以进行再审的判决、裁定；

（三）抗诉书列明该判决、裁定有民事诉讼法第二百零八条第一款规定情形；

（四）符合民事诉讼法第二百零九条第一款第一项、第二项规定情形。

不符合前款规定的，人民法院可以建议人民检察院予以补正或者撤回；不予补正或者撤回的，人民法院可以裁定不予受理。

注：本条为民事诉讼法修改后待修改的条文。修改后的民事诉讼法条文序号有所变动，本条引用的“民事诉讼法第二百零八条第一款”应为修改后的“民事诉讼法第二百一十

五条第一款”，引用的“民事诉讼法第二百零九条第一款第一项、第二项”应为修改后的“民事诉讼法第二百一十六条第一款第一项、第二项”。

第四百一十八条 当事人的再审申请被上级人民法院裁定驳回后，人民检察院对原判决、裁定、调解书提出抗诉，抗诉事由符合民事诉讼法第二百条第一项至第五项规定情形之一的，受理抗诉的人民法院可以交由下一级人民法院再审。

注：本条为民事诉讼法修改后待修改的条文。修改后的民事诉讼法条文序号有所变动，本条引用的“民事诉讼法第二百条第一项至第五项”应为修改后的“民事诉讼法第二百零七条第一项至第五项”。

第四百一十九条 人民法院收到再审检察建议后，应当组成合议庭，在三个月内进行审查，发现原判决、裁定、调解书确有错误，需要再审的，依照民事诉讼法第一百九十八条规定裁定再审，并通知当事人；经审查，决定不予再审的，应当书面回复人民检察院。

注：本条为民事诉讼法修改后待修改的条文。修改后的民事诉讼法条文序号有所变动，本条引用的“民事诉讼法一百九十八条”应为修改后的“民事诉讼法第二百零五条”。

第四百二十二条 必须共同进行诉讼的当事人因不能归责于本人或者其诉讼代理人的事由未参加诉讼的，可以根据民事诉讼法第二百条第八项规定，自知道或者应当知道之日起六个月内申请再审，但符合本解释第四百二十三条规定情形的除外。

人民法院因前款规定的当事人申请而裁定再审，按照第一审程序再审的，应当追加其为当事人，作出新的判决、裁定；按照第二审程序再审，经调解不能达成协议的，应当撤销原判决、裁定，发回重审，重审时应追加其为当事人。

注：本条为民事诉讼法修改后待修改的条文。修改后的民事诉讼法条文序号有所变动，本条引用的“民事诉讼法第二百条第八项”应为修改后的“民事诉讼法第二百零七条第八项”。

第四百二十三条 根据民事诉讼法第二百二十七条规定，案外人对驳回其执行异议的裁定不服，认为原判决、裁定、调解书内容错误损害其民事权益的，可以自执行异议裁定送达之日起六个月内，向作出原判决、裁定、调解书的人民法院申请再审。

注：本条为民事诉讼法修改后待修改的条文。修改后的民事诉讼法条文序号有所变动，本条引用的“民事诉讼法第二百二十七条”应为修改后的“民事诉讼法第二百三十四条”。

第四百二十四条 根据民事诉讼法第二百二十七条规定，人民法院裁定再审后，案外人属于必要的共同诉讼当事人的，依照本解释第四百二十二条第二款规定处理。

案外人不是必要的共同诉讼当事人的，人民法院仅审理原判决、裁定、调解书对其民事权益造成损害的内容。经审理，再审请求成立的，撤销或者改变原判决、裁定、调解书；再审请求不成立的，维持原判决、裁定、调解书。

注：本条为民事诉讼法修改后待修改的条文。修改后的民事诉讼法条文序号有所变动，本条引用的“民事诉讼法第二百二十七条”应为修改后的“民事诉讼法第二百三十四条”。

第四百二十六条 对小额诉讼案件的判决、裁定，当事人以民事诉讼法第二百条规定的事由向原审人民法院申请再审的，人民法院应当受理。申请再审事由成立的，应当裁定再审，组成合议庭进行审理。作出的再审判决、裁定，当事人不得上诉。

当事人以不应按小额诉讼案件审理为由向原审人民法院申请再审的，人民法院应当受理。理由成立的，应当裁定再审，组成合议庭审理。作出的再审判决、裁定，当事人可以上诉。

注：本条为民事诉讼法修改后待修改的条文。修改后的民事诉讼法条文序号有所变动，本条引用的“民事诉讼法第二百条”应为修改后的“民事诉讼法第二百零七条”。

十九、督促程序

第四百四十二条 债权人向人民法院申请执行支付令的期间，适用民事诉讼法第二百三十九条的规定。

注：本条为民事诉讼法修改后待修改的条文。修改后的民事诉讼法条文序号有所变动，本条引用的“民事诉讼法第二百三十九条”应为修改后的“民事诉讼法第二百四十六条”。

二十、公示催告程序

第四百四十四条 民事诉讼法第二百一十八条规定的票据持有人，是指票据被盗、遗失或者灭失前的最后持有人。

注：本条为民事诉讼法修改后待修改的条文。修改后的民事诉讼法条文序号有所变动，本条引用的“民事诉讼法第二百一十八条”应为修改后的“民事诉讼法第二百二十五条”。

第四百四十七条 人民法院依照民事诉讼法第二百一十九条规定发出的受理申请的公告，应当写明下列内容：

（一）公示催告申请人的姓名或者名称；

（二）票据的种类、号码、票面金额、出票人、背书人、持票人、付款期限等事项以及其他可以申请公示催告的权利凭证的种类、号码、权利范围、权利人、义务人、行权日期等事项；

（三）申报权利的期间；

（四）在公示催告期间转让票据等权利凭证，利害关系人不申报的法律后果。

注：本条为民事诉讼法修改后待修改的条文。修改后的民事诉讼法条文序号有所变动，本条引用的“民事诉讼法第二百一十九条”应为修改后的“民事诉讼法第二百二十六条”。

第四百五十条 在申报期届满后、判决作出之前，利害关系人申报权利的，应当适用民事诉讼法第二百二十一条第二款、第三款规定处理。

注：本条为民事诉讼法修改后待修改的条文。修改后的民事诉讼法条文序号有所变动，本条引用的“民事诉讼法第二百二十一条第二款、第三款”应为修改后的“民事诉讼法第二百二十八条第二款、第三款”。

第四百五十三条 判决公告之日起，公示催告申请人有权依据判决向付款人请求付款。

付款人拒绝付款，申请人向人民法院起诉，符合民事诉讼法第一百一十九条规定的起诉条件的，人民法院应予受理。

注：本条为民事诉讼法修改后待修改的条文。修改后的民事诉讼法条文序号有所变动，本条引用的“民事诉讼法第一百一十九条”应为修改后的“民事诉讼法第一百二十二条”。

第四百五十六条 人民法院依照民事诉讼法第二百二十条规定通知支付人停止支付，应当符合有关财产保全的规定。支付人收到停止支付通知后拒不止付的，除可依照民事诉讼法第一百一十一条、第一百一十四条规定采取强制措施外，在判决后，支付人仍应承担付款义务。

注：本条为民事诉讼法修改后待修改的条文。修改后的民事诉讼法条文序号有所变动，本条引用的“民事诉讼法第二百二十条”应为修改后的“民事诉讼法第二百二十七条”，引用的“民事诉讼法第一百一十一条、第一百一十四条”应为修改后的“民事诉讼法第一百一十四条、第一百一十七条”。

第四百五十七条 人民法院依照民事诉讼法第二百二十一条规定终结公示催告程序后，公示催告申请人或者申报人向人民法院提起诉讼，因票据权利纠纷提起的，由票据支付地或者被告住所地人民法院管辖；因非票据权利纠纷提起的，由被告住所地人民法院管辖。

注：本条为民事诉讼法修改后待修改的条文。修改后的民事诉讼法条文序号有所变动，本条引用的“民事诉讼法第二百二十一条”应为修改后的“民事诉讼法第二百二十八条”。

第四百五十八条 依照民事诉讼法第二百二十一条规定制作的终结公示催告程序的裁定书，由审判员、书记员署名，加盖人民法院印章。

注：本条为民事诉讼法修改后待修改的条文。修改后的民事诉讼法条文序号有所变动，本条引用的“民事诉讼法第二百二十一条”应为修改后的“民事诉讼法第二百二十八条”。

第四百五十九条 依照民事诉讼法第二百二十三条的规定，利害关系人向人民法院起诉的，人民法院可按票据纠纷适用普通程序审理。

注：本条为民事诉讼法修改后待修改的条文。修改后的民事诉讼法条文序号有所变动，本条引用的“民事诉讼法第二百二十三条”应为修改后的“民事诉讼法第二百三十条”。

第四百六十条 民事诉讼法第二百二十三条规定的正当理由，包括：

（一）因发生意外事件或者不可抗力致使利害关系人无法知道公告事实的；

（二）利害关系人因被限制人身自由而无法知道公告事实，或者虽然知道公告事实，但无法自己或者委托他人代为申报权利的；

（三）不属于法定申请公示催告情形的；

（四）未予公告或者未按法定方式公告的；

（五）其他导致利害关系人在判决作出前未能向人民法院申报权利的客观事由。

注：本条为民事诉讼法修改后待修改的条文。修改后的民事诉讼法条文序号有所变动，本条引用的“民事诉讼法第二百二十三条”应为修改后的“民事诉讼法第二百三十条”。

第四百六十一条　根据民事诉讼法第二百二十三条的规定，利害关系人请求人民法院撤销除权判决的，应当将申请人列为被告。

利害关系人仅诉请确认其为合法持票人的，人民法院应当在裁判文书中写明，确认利害关系人为票据权利人的判决作出后，除权判决即被撤销。

注：本条为民事诉讼法修改后待修改的条文。修改后的民事诉讼法条文序号有所变动，本条引用的“民事诉讼法第二百二十三条”应为修改后的“民事诉讼法第二百三十条”。

二十一、执行程序

第四百六十四条　根据民事诉讼法第二百二十七条规定，

案外人对执行标的提出异议的，应当在该执行标的执行程序终结前提出。

注：本条为民事诉讼法修改后待修改的条文。修改后的民事诉讼法条文序号有所变动，本条引用的“民事诉讼法第二百二十七条”应为修改后的“民事诉讼法第二百三十四条”。

第四百六十八条 申请恢复执行原生效法律文书，适用民事诉讼法第二百三十九条申请执行期间的规定。申请执行期间因达成执行中的和解协议而中断，其期间自和解协议约定履行期限的最后一日起重新计算。

注：本条为民事诉讼法修改后待修改的条文。修改后的民事诉讼法条文序号有所变动，本条引用的“民事诉讼法第二百三十九条”应为修改后的“民事诉讼法第二百四十六条”。

第四百六十九条 人民法院依照民事诉讼法第二百三十一条规定决定暂缓执行的，如果担保是有期限的，暂缓执行的期限应当与担保期限一致，但最长不得超过一年。被执行人或者担保人对担保的财产在暂缓执行期间有转移、隐藏、变卖、毁损等行为的，人民法院可以恢复强制执行。

注：本条为民事诉讼法修改后待修改的条文。修改后的民事诉讼法条文序号有所变动，本条引用的“民事诉讼法第二百三十一条”应为修改后的“民事诉讼法第二百三十八条”。

第四百七十条 根据民事诉讼法第二百三十一条规定向

人民法院提供执行担保的，可以由被执行人或者他人提供财产担保，也可以由他人提供保证。担保人应当具有代为履行或者代为承担赔偿责任的能力。

他人提供执行保证的，应当向执行法院出具保证书，并将保证书副本送交申请执行人。被执行人或者他人提供财产担保的，应当参照民法典的有关规定办理相应手续。

注：本条为民事诉讼法修改后待修改的条文。修改后的民事诉讼法条文序号有所变动，本条引用的“民事诉讼法第二百三十一条”应为修改后的“民事诉讼法第二百三十八条”。

第四百七十二条 依照民事诉讼法第二百三十二条规定，执行中作为被执行人的法人或者其他组织分立、合并的，人民法院可以裁定变更后的法人或者其他组织为被执行人；被注销的，如果依照有关实体法的规定有权利义务承受人的，可以裁定该权利义务承受人为被执行人。

注：本条为民事诉讼法修改后待修改的条文。修改后的民事诉讼法条文序号有所变动，本条引用的“民事诉讼法第二百三十二条”应为修改后的“民事诉讼法第二百三十九条”。

第四百七十六条 法律规定由人民法院执行的其他法律文书执行完毕后，该法律文书被有关机关或者组织依法撤销的，经当事人申请，适用民事诉讼法第二百三十三条规定。

注：本条为民事诉讼法修改后待修改的条文。修改后的民事诉讼法条文序号有所变动，本条引用的“民事诉讼法第

二百三十三条”应为修改后的“民事诉讼法第二百四十条”。

第四百七十七条 仲裁机构裁决的事项，部分有民事诉讼法第二百三十七条第二款、第三款规定情形的，人民法院应当裁定对该部分不予执行。

应当不予执行部分与其他部分不可分的，人民法院应当裁定不予执行仲裁裁决。

注：本条为民事诉讼法修改后待修改的条文。修改后的民事诉讼法条文序号有所变动，本条引用的“民事诉讼法第二百三十七条第二款、第三款”应为修改后的“民事诉讼法第二百四十四条第二款、第三款”。

第四百七十八条 依照民事诉讼法第二百三十七条第二款、第三款规定，人民法院裁定不予执行仲裁裁决后，当事人对该裁定提出执行异议或者复议的，人民法院不予受理。当事人可以就该民事纠纷重新达成书面仲裁协议申请仲裁，也可以向人民法院起诉。

注：本条为民事诉讼法修改后待修改的条文。修改后的民事诉讼法条文序号有所变动，本条引用的“民事诉讼法第二百三十七条第二款、第三款”应为修改后的“民事诉讼法第二百四十四条第二款、第三款”。

第四百七十九条 在执行中，被执行人通过仲裁程序将人民法院查封、扣押、冻结的财产确权或者分割给案外人的，不影响人民法院执行程序的进行。

案外人不服的，可以根据民事诉讼法第二百二十七条规定提出异议。

注：本条为民事诉讼法修改后待修改的条文。修改后的民事诉讼法条文序号有所变动，本条引用的“民事诉讼法第二百二十七条”应为修改后的“民事诉讼法第二百三十四条”。

第四百八十条　有下列情形之一的，可以认定为民事诉讼法第二百三十八条第二款规定的公证债权文书确有错误：

（一）公证债权文书属于不得赋予强制执行效力的债权文书的；

（二）被执行人一方未亲自或者未委托代理人到场公证等严重违反法律规定的公证程序的；

（三）公证债权文书的内容与事实不符或者违反法律强制性规定的；

（四）公证债权文书未载明被执行人不履行义务或者不完全履行义务时同意接受强制执行的。

人民法院认定执行该公证债权文书违背社会公共利益的，裁定不予执行。

公证债权文书被裁定不予执行后，当事人、公证事项的利害关系人可以就债权争议提起诉讼。

注：本条为民事诉讼法修改后待修改的条文。修改后的民事诉讼法条文序号有所变动，本条引用的“民事诉讼法第二百三十八条第二款”应为修改后的“民事诉讼法第二百四十五条第二款”。

第四百八十二条　人民法院应当在收到申请执行书或者移交执行书后十日内发出执行通知。

执行通知中除应责令被执行人履行法律文书确定的义务外，还应通知其承担民事诉讼法第二百五十三条规定的迟延履行利息或者迟延履行金。

注：本条为民事诉讼法修改后待修改的条文。修改后的民事诉讼法条文序号有所变动，本条引用的“民事诉讼法第二百五十三条”应为修改后的“民事诉讼法第二百六十条”。

第四百八十八条　依照民事诉讼法第二百四十七条规定，人民法院在执行中需要拍卖被执行人财产的，可以由人民法院自行组织拍卖，也可以交由具备相应资质的拍卖机构拍卖。

交拍卖机构拍卖的，人民法院应当对拍卖活动进行监督。

注：本条为民事诉讼法修改后待修改的条文。修改后的民事诉讼法条文序号有所变动，本条引用的“民事诉讼法第二百四十七条”应为修改后的“民事诉讼法第二百五十四条”。

第四百九十五条　他人持有法律文书指定交付的财物或者票证，人民法院依照民事诉讼法第二百四十九条第二款、第三款规定发出协助执行通知后，拒不转交的，可以强制执行，并可依照民事诉讼法第一百一十四条、第一百一十五条规定处理。

他人持有期间财物或者票证毁损、灭失的，参照本解释第四百九十四条规定处理。

他人主张合法持有财物或者票证的，可以根据民事诉讼法第二百二十七条规定提出执行异议。

注：本条为民事诉讼法修改后待修改的条文。修改后的

民事诉讼法条文序号有所变动，本条引用的“民事诉讼法第二百四十九条第二款、第三款”应为修改后的“民事诉讼法第二百五十六条第二款、第三款”，引用的“民事诉讼法第一百一十四条、第一百一十五条”应为修改后的“民事诉讼法第一百一十七条、第一百一十八条”，引用的“民事诉讼法第二百二十七条”应为修改后的“民事诉讼法第二百三十四条”。

第四百九十六条 在执行中，被执行人隐匿财产、会计账簿等资料的，人民法院除可依照民事诉讼法第一百一十一条第一款第六项规定对其处理外，还应责令被执行人交出隐匿的财产、会计账簿等资料。被执行人拒不交出的，人民法院可以采取搜查措施。

注：本条为民事诉讼法修改后待修改的条文。修改后的民事诉讼法条文序号有所变动，本条引用的“民事诉讼法第一百一十一条第一款第六项”应为修改后的“民事诉讼法第一百一十四条第一款第六项”。

第四百九十九条 搜查中发现应当依法采取查封、扣押措施的财产，依照民事诉讼法第二百四十五条第二款和第二百四十七条规定办理。

注：本条为民事诉讼法修改后待修改的条文。修改后的民事诉讼法条文序号有所变动，本条引用的“民事诉讼法第二百四十五条第二款和第二百四十七条”应为修改后的“民事诉讼法第二百五十二条第二款和第二百五十四条”。

第五百零一条 人民法院执行被执行人对他人的到期债

权，可以作出冻结债权的裁定，并通知该他人向申请执行人履行。

该他人对到期债权有异议，申请执行人请求对异议部分强制执行的，人民法院不予支持。利害关系人对到期债权有异议的，人民法院应当按照民事诉讼法第二百二十七条规定处理。

对生效法律文书确定的到期债权，该他人予以否认的，人民法院不予支持。

注：本条为民事诉讼法修改后待修改的条文。修改后的民事诉讼法条文序号有所变动，本条引用的“民事诉讼法第二百二十七条”应为修改后的“民事诉讼法第二百三十四条”。

第五百零二条　人民法院在执行中需要办理房产证、土地证、林权证、专利证书、商标证书、车船执照等有关财产权证照转移手续的，可以依照民事诉讼法第二百五十一条规定办理。

注：本条为民事诉讼法修改后待修改的条文。修改后的民事诉讼法条文序号有所变动，本条引用的“民事诉讼法第二百五十一条”应为修改后的“民事诉讼法第二百五十八条”。

第五百零五条　被执行人不履行法律文书指定的行为，且该项行为只能由被执行人完成的，人民法院可以依照民事诉讼法第一百一十一条第一款第六项规定处理。

被执行人在人民法院确定的履行期间内仍不履行的，人民法院可以依照民事诉讼法第一百一十一条第一款第六项规定再次处理。

注： 本条为民事诉讼法修改后待修改的条文。修改后的民事诉讼法条文序号有所变动，本条引用的“民事诉讼法第一百一十一条第一款第六项”应为修改后的“民事诉讼法第一百一十四条第一款第六项”。

第五百一十七条 债权人根据民事诉讼法第二百五十四条规定请求人民法院继续执行的，不受民事诉讼法第二百三十九条规定申请执行时效期间的限制。

注： 本条为民事诉讼法修改后待修改的条文。修改后的民事诉讼法条文序号有所变动，本条引用的“民事诉讼法第二百五十四条”应为修改后的“民事诉讼法第二百六十一条”，引用的“民事诉讼法第二百三十九条”应为修改后的“民事诉讼法第二百四十六条”。

第五百二十条 因撤销申请而终结执行后，当事人在民事诉讼法第二百三十九条规定的申请执行时效期间内再次申请执行的，人民法院应当受理。

注： 本条为民事诉讼法修改后待修改的条文。修改后的民事诉讼法条文序号有所变动，本条引用的“民事诉讼法第二百三十九条”应为修改后的“民事诉讼法第二百四十六条”。

第五百二十一条 在执行终结六个月内，被执行人或者其他人对已执行的标的有妨害行为的，人民法院可以依申请排除妨害，并可以依照民事诉讼法第一百一十一条规定进行处罚。因妨害行为给执行债权人或者其他人造成损失的，受害人可以另行起诉。

注：本条为民事诉讼法修改后待修改的条文。修改后的民事诉讼法条文序号有所变动，本条引用的“民事诉讼法第一百一十一条”应为修改后的“民事诉讼法第一百一十四条”。

二十二、涉外民事诉讼程序的特别规定

第五百二十四条 依照民事诉讼法第二百六十四条以及本解释第五百二十三条规定，需要办理公证、认证手续，而外国当事人所在国与中华人民共和国没有建立外交关系的，可以经该国公证机关公证，经与中华人民共和国有外交关系的第三国驻该国使领馆认证，再转由中华人民共和国驻该第三国使领馆认证。

注：本条为民事诉讼法修改后待修改的条文。修改后的民事诉讼法条文序号有所变动，本条引用的“民事诉讼法第二百六十四条”应为修改后的“民事诉讼法第二百七十一条”。

第五百三十一条 涉外合同或者其他财产权益纠纷的当事人，可以书面协议选择被告住所地、合同履行地、合同签订地、原告住所地、标的物所在地、侵权行为地等与争议有实际联系地点的外国法院管辖。

根据民事诉讼法第三十三条和第二百六十六条规定，属

于中华人民共和国法院专属管辖的案件，当事人不得协议选择外国法院管辖，但协议选择仲裁的除外。

注：本条为民事诉讼法修改后待修改的条文。修改后的民事诉讼法条文序号有所变动，本条引用的“民事诉讼法第三十三条和第二百六十六条”应为修改后的“民事诉讼法第三十四条和第二百七十三条”。

第五百三十四条　对在中华人民共和国领域内没有住所的当事人，经用公告方式送达诉讼文书，公告期满不应诉，人民法院缺席判决后，仍应当将裁判文书依照民事诉讼法第二百六十七条第八项规定公告送达。自公告送达裁判文书满三个月之日起，经过三十日的上诉期当事人没有上诉的，一审判决即发生法律效力。

注：本条为民事诉讼法修改后待修改的条文。修改后的民事诉讼法条文序号有所变动，本条引用的“民事诉讼法第二百六十七条第八项”应为修改后的“民事诉讼法第二百七十四条第八项”。

第五百三十八条　不服第一审人民法院判决、裁定的上诉期，对在中华人民共和国领域内有住所的当事人，适用民事诉讼法第一百六十四条规定的期限；对在中华人民共和国领域内没有住所的当事人，适用民事诉讼法第二百六十九条规定的期限。当事人的上诉期均已届满没有上诉的，第一审人民法院的判决、裁定即发生法律效力。

注：本条为民事诉讼法修改后待修改的条文。修改后的民事诉讼法条文序号有所变动，本条引用的“民事诉讼法第

一百六十四条”应为修改后的“民事诉讼法第一百七十一条”，引用的“民事诉讼法第二百六十九条”应为修改后的“民事诉讼法第二百七十六条”。

第五百三十九条 人民法院对涉外民事案件的当事人申请再审进行审查的期间，不受民事诉讼法第二百零四条规定的限制。

注：本条为民事诉讼法修改后待修改的条文。修改后的民事诉讼法条文序号有所变动，本条引用的“民事诉讼法第二百零四条”应为修改后的“民事诉讼法第二百一十一条”。

第五百四十一条 人民法院强制执行涉外仲裁机构的仲裁裁决时，被执行人以有民事诉讼法第二百七十四条第一款规定的情形为由提出抗辩的，人民法院应当对被执行人的抗辩进行审查，并根据审查结果裁定执行或者不予执行。

注：本条为民事诉讼法修改后待修改的条文。修改后的民事诉讼法条文序号有所变动，本条引用的“民事诉讼法第二百七十四条第一款”应为修改后的“民事诉讼法二百八十一条第一款”。

第五百四十二条 依照民事诉讼法第二百七十二条规定，中华人民共和国涉外仲裁机构将当事人的保全申请提交人民法院裁定的，人民法院可以进行审查，裁定是否进行保全。裁定保全的，应当责令申请人提供担保，申请人不提供担保的，裁定驳回申请。

当事人申请证据保全，人民法院经审查认为无需提供担保的，申请人可以不提供担保。

注：本条为民事诉讼法修改后待修改的条文。修改后的民事诉讼法条文序号有所变动，本条引用的“民事诉讼法第二百七十二条”应为修改后的“民事诉讼法第二百七十九条”。

第五百四十五条 对临时仲裁庭在中华人民共和国领域外作出的仲裁裁决，一方当事人向人民法院申请承认和执行的，人民法院应当依照民事诉讼法第二百八十三条规定处理。

注：本条为民事诉讼法修改后待修改的条文。修改后的民事诉讼法条文序号有所变动，本条引用的“民事诉讼法第二百八十三条”应为修改后的“民事诉讼法第二百九十条”。

第五百四十七条 当事人申请承认和执行外国法院作出的发生法律效力的判决、裁定或者外国仲裁裁决的期间，适用民事诉讼法第二百三十九条的规定。

当事人仅申请承认而未同时申请执行的，申请执行的期间自人民法院对承认申请作出的裁定生效之日起重新计算。

注：本条为民事诉讼法修改后待修改的条文。修改后的民事诉讼法条文序号有所变动，本条引用的“民事诉讼法第二百三十九条”应为修改后的“民事诉讼法第二百四十六条”。

相关法律、司法解释及司法文件

中华人民共和国民事诉讼法

（1991年4月9日第七届全国人民代表大会第四次会议通过　根据2007年10月28日第十届全国人民代表大会常务委员会第三十次会议《关于修改〈中华人民共和国民事诉讼法〉的决定》第一次修正　根据2012年8月31日第十一届全国人民代表大会常务委员会第二十八次会议《关于修改〈中华人民共和国民事诉讼法〉的决定》第二次修正　根据2017年6月27日第十二届全国人民代表大会常务委员会第二十八次会议《关于修改〈中华人民共和国民事诉讼法〉和〈中华人民共和国行政诉讼法〉的决定》第三次修正　根据2021年12月24日第十三届全国人民代表大会常务委员会第三十二次会议《关于修改〈中华人民共和国民事诉讼法〉的决定》第四次修正）

目　　录

第二节　审理前的准备
第三节　开庭审理
第四节　诉讼中止和终结
第五节　判决和裁定
第十三章　简易程序
第十四章　第二审程序
第十五章　特别程序
第一节　一般规定
第二节　选民资格案件
第三节　宣告失踪、宣告死亡案件
第四节　认定公民无民事行为能力、限制民事行为能力案件
第五节　认定财产无主案件
第六节　确认调解协议案件
第七节　实现担保物权案件
第十六章　审判监督程序
第十七章　督促程序
第十八章　公示催告程序
第三编　执行程序
第十九章　一般规定
第二十章　执行的申请和移送
第二十一章　执行措施
第二十二章　执行中止和终结
第四编　涉外民事诉讼程序的特别规定

第一编　总　　则

第一章　任务、适用范围和基本原则

第一条　中华人民共和国民事诉讼法以宪法为根据，结合我国民事审判工作的经验和实际情况制定。

第二条　中华人民共和国民事诉讼法的任务，是保护当事人行使诉讼权利，保证人民法院查明事实，分清是非，正确适用法律，及时审理民事案件，确认民事权利义务关系，制裁民事违法行为，保护当事人的合法权益，教育公民自觉遵守法律，维护社会秩序、经济秩序，保障社会主义建设事业顺利进行。

第三条　人民法院受理公民之间、法人之间、其他组织之间以及他们相互之间因财产关系和人身关系提起的民事诉讼，适用本法的规定。

第四条　凡在中华人民共和国领域内进行民事诉讼，必须遵守本法。

第五条　外国人、无国籍人、外国企业和组织在人民法院起诉、应诉，同中华人民共和国公民、法人和其他组织有同等的诉讼权利义务。

外国法院对中华人民共和国公民、法人和其他组织的民事诉讼权利加以限制的，中华人民共和国人民法院对该国公民、企业和组织的民事诉讼权利，实行对等原则。

第六条 民事案件的审判权由人民法院行使。

人民法院依照法律规定对民事案件独立进行审判，不受行政机关、社会团体和个人的干涉。

第七条 人民法院审理民事案件，必须以事实为根据，以法律为准绳。

第八条 民事诉讼当事人有平等的诉讼权利。人民法院审理民事案件，应当保障和便利当事人行使诉讼权利，对当事人在适用法律上一律平等。

第九条 人民法院审理民事案件，应当根据自愿和合法的原则进行调解；调解不成的，应当及时判决。

第十条 人民法院审理民事案件，依照法律规定实行合议、回避、公开审判和两审终审制度。

第十一条 各民族公民都有用本民族语言、文字进行民事诉讼的权利。

在少数民族聚居或者多民族共同居住的地区，人民法院应当用当地民族通用的语言、文字进行审理和发布法律文书。

人民法院应当对不通晓当地民族通用的语言、文字的诉讼参与人提供翻译。

第十二条 人民法院审理民事案件时，当事人有权进行辩论。

第十三条 民事诉讼应当遵循诚信原则。

当事人有权在法律规定的范围内处分自己的民事权利和诉讼权利。

第十四条 人民检察院有权对民事诉讼实行法律监督。

第十五条 机关、社会团体、企业事业单位对损害国家、集体或者个人民事权益的行为，可以支持受损害的单位或者个人向人民法院起诉。

第十六条 经当事人同意，民事诉讼活动可以通过信息网络平台在线进行。

民事诉讼活动通过信息网络平台在线进行的，与线下诉讼活动具有同等法律效力。

第十七条 民族自治地方的人民代表大会根据宪法和本法的原则，结合当地民族的具体情况，可以制定变通或者补充的规定。自治区的规定，报全国人民代表大会常务委员会批准。自治州、自治县的规定，报省或者自治区的人民代表大会常务委员会批准，并报全国人民代表大会常务委员会备案。

第二章 管 辖

第一节 级别管辖

第十八条 基层人民法院管辖第一审民事案件，但本法另有规定的除外。

第十九条 中级人民法院管辖下列第一审民事案件：

（一）重大涉外案件；

（二）在本辖区有重大影响的案件；

（三）最高人民法院确定由中级人民法院管辖的案件。

第二十条 高级人民法院管辖在本辖区有重大影响的第一审民事案件。

第二十一条 最高人民法院管辖下列第一审民事案件：

（一）在全国有重大影响的案件；

（二）认为应当由本院审理的案件。

第二节 地域管辖

第二十二条 对公民提起的民事诉讼，由被告住所地人民法院管辖；被告住所地与经常居住地不一致的，由经常居住地人民法院管辖。

对法人或者其他组织提起的民事诉讼，由被告住所地人民法院管辖。

同一诉讼的几个被告住所地、经常居住地在两个以上人民法院辖区的，各该人民法院都有管辖权。

第二十三条 下列民事诉讼，由原告住所地人民法院管辖；原告住所地与经常居住地不一致的，由原告经常居住地人民法院管辖：

（一）对不在中华人民共和国领域内居住的人提起的有关身份关系的诉讼；

（二）对下落不明或者宣告失踪的人提起的有关身份关系的诉讼；

（三）对被采取强制性教育措施的人提起的诉讼；

（四）对被监禁的人提起的诉讼。

第二十四条 因合同纠纷提起的诉讼，由被告住所地或者合同履行地人民法院管辖。

第二十五条 因保险合同纠纷提起的诉讼，由被告住所地或者保险标的物所在地人民法院管辖。

第二十六条 因票据纠纷提起的诉讼，由票据支付地或者被告住所地人民法院管辖。

第二十七条 因公司设立、确认股东资格、分配利润、解散等纠纷提起的诉讼，由公司住所地人民法院管辖。

第二十八条 因铁路、公路、水上、航空运输和联合运输合同纠纷提起的诉讼，由运输始发地、目的地或者被告住所地人民法院管辖。

第二十九条 因侵权行为提起的诉讼，由侵权行为地或者被告住所地人民法院管辖。

第三十条 因铁路、公路、水上和航空事故请求损害赔偿提起的诉讼，由事故发生地或者车辆、船舶最先到达地、航空器最先降落地或者被告住所地人民法院管辖。

第三十一条 因船舶碰撞或者其他海事损害事故请求损害赔偿提起的诉讼，由碰撞发生地、碰撞船舶最先到达地、加害船舶被扣留地或者被告住所地人民法院管辖。

第三十二条 因海难救助费用提起的诉讼，由救助地或者被救助船舶最先到达地人民法院管辖。

第三十三条 因共同海损提起的诉讼，由船舶最先到达地、共同海损理算地或者航程终止地的人民法院管辖。

第三十四条 下列案件，由本条规定的人民法院专属管辖：

（一）因不动产纠纷提起的诉讼，由不动产所在地人民法院管辖；

（二）因港口作业中发生纠纷提起的诉讼，由港口所在地人民法院管辖；

（三）因继承遗产纠纷提起的诉讼，由被继承人死亡时住所地或者主要遗产所在地人民法院管辖。

第三十五条　合同或者其他财产权益纠纷的当事人可以书面协议选择被告住所地、合同履行地、合同签订地、原告住所地、标的物所在地等与争议有实际联系的地点的人民法院管辖，但不得违反本法对级别管辖和专属管辖的规定。

第三十六条　两个以上人民法院都有管辖权的诉讼，原告可以向其中一个人民法院起诉；原告向两个以上有管辖权的人民法院起诉的，由最先立案的人民法院管辖。

第三节　移送管辖和指定管辖

第三十七条　人民法院发现受理的案件不属于本院管辖的，应当移送有管辖权的人民法院，受移送的人民法院应当受理。受移送的人民法院认为受移送的案件依照规定不属于本院管辖的，应当报请上级人民法院指定管辖，不得再自行移送。

第三十八条　有管辖权的人民法院由于特殊原因，不能行使管辖权的，由上级人民法院指定管辖。

人民法院之间因管辖权发生争议，由争议双方协商解决；协商解决不了的，报请它们的共同上级人民法院指定管辖。

第三十九条 上级人民法院有权审理下级人民法院管辖的第一审民事案件；确有必要将本院管辖的第一审民事案件交下级人民法院审理的，应当报请其上级人民法院批准。

下级人民法院对它所管辖的第一审民事案件，认为需要由上级人民法院审理的，可以报请上级人民法院审理。

第三章 审判组织

第四十条 人民法院审理第一审民事案件，由审判员、陪审员共同组成合议庭或者由审判员组成合议庭。合议庭的成员人数，必须是单数。

适用简易程序审理的民事案件，由审判员一人独任审理。基层人民法院审理的基本事实清楚、权利义务关系明确的第一审民事案件，可以由审判员一人适用普通程序独任审理。

陪审员在执行陪审职务时，与审判员有同等的权利义务。

第四十一条 人民法院审理第二审民事案件，由审判员组成合议庭。合议庭的成员人数，必须是单数。

中级人民法院对第一审适用简易程序审结或者不服裁定提起上诉的第二审民事案件，事实清楚、权利义务关系明确的，经双方当事人同意，可以由审判员一人独任审理。

发回重审的案件，原审人民法院应当按照第一审程序另行组成合议庭。

审理再审案件，原来是第一审的，按照第一审程序另行组成合议庭；原来是第二审的或者是上级人民法院提审的，按照第二审程序另行组成合议庭。

第四十二条 人民法院审理下列民事案件，不得由审判员一人独任审理：

（一）涉及国家利益、社会公共利益的案件；

（二）涉及群体性纠纷，可能影响社会稳定的案件；

（三）人民群众广泛关注或者其他社会影响较大的案件；

（四）属于新类型或者疑难复杂的案件；

（五）法律规定应当组成合议庭审理的案件；

（六）其他不宜由审判员一人独任审理的案件。

第四十三条 人民法院在审理过程中，发现案件不宜由审判员一人独任审理的，应当裁定转由合议庭审理。

当事人认为案件由审判员一人独任审理违反法律规定的，可以向人民法院提出异议。人民法院对当事人提出的异议应当审查，异议成立的，裁定转由合议庭审理；异议不成立的，裁定驳回。

第四十四条 合议庭的审判长由院长或者庭长指定审判员一人担任；院长或者庭长参加审判的，由院长或者庭长担任。

第四十五条 合议庭评议案件，实行少数服从多数的原则。评议应当制作笔录，由合议庭成员签名。评议中的不同意见，必须如实记入笔录。

第四十六条 审判人员应当依法秉公办案。

审判人员不得接受当事人及其诉讼代理人请客送礼。

审判人员有贪污受贿，徇私舞弊，枉法裁判行为的，应当追究法律责任；构成犯罪的，依法追究刑事责任。

第四章　回　　避

第四十七条　审判人员有下列情形之一的，应当自行回避，当事人有权用口头或者书面方式申请他们回避：

（一）是本案当事人或者当事人、诉讼代理人近亲属的；

（二）与本案有利害关系的；

（三）与本案当事人、诉讼代理人有其他关系，可能影响对案件公正审理的。

审判人员接受当事人、诉讼代理人请客送礼，或者违反规定会见当事人、诉讼代理人的，当事人有权要求他们回避。

审判人员有前款规定的行为的，应当依法追究法律责任。

前三款规定，适用于书记员、翻译人员、鉴定人、勘验人。

第四十八条　当事人提出回避申请，应当说明理由，在案件开始审理时提出；回避事由在案件开始审理后知道的，也可以在法庭辩论终结前提出。

被申请回避的人员在人民法院作出是否回避的决定前，应当暂停参与本案的工作，但案件需要采取紧急措施的除外。

第四十九条　院长担任审判长或者独任审判员时的回避，由审判委员会决定；审判人员的回避，由院长决定；其他人员的回避，由审判长或者独任审判员决定。

第五十条　人民法院对当事人提出的回避申请，应当在申请提出的三日内，以口头或者书面形式作出决定。申请人对决定不服的，可以在接到决定时申请复议一次。复议期间，被申请回避的人员，不停止参与本案的工作。人民法院对复议申请，应当在三日内作出复议决定，并通知复议申请人。

第五章　诉讼参加人

第一节　当　事　人

第五十一条　公民、法人和其他组织可以作为民事诉讼的当事人。

法人由其法定代表人进行诉讼。其他组织由其主要负责人进行诉讼。

第五十二条　当事人有权委托代理人，提出回避申请，收集、提供证据，进行辩论，请求调解，提起上诉，申请执行。

当事人可以查阅本案有关材料，并可以复制本案有关材料和法律文书。查阅、复制本案有关材料的范围和办法由最高人民法院规定。

当事人必须依法行使诉讼权利，遵守诉讼秩序，履行发生法律效力的判决书、裁定书和调解书。

第五十三条　双方当事人可以自行和解。

第五十四条　原告可以放弃或者变更诉讼请求。被告可以承认或者反驳诉讼请求，有权提起反诉。

第五十五条　当事人一方或者双方为二人以上，其诉讼标的是共同的，或者诉讼标的是同一种类、人民法院认为可以合并审理并经当事人同意的，为共同诉讼。

共同诉讼的一方当事人对诉讼标的有共同权利义务的，

其中一人的诉讼行为经其他共同诉讼人承认，对其他共同诉讼人发生效力；对诉讼标的没有共同权利义务的，其中一人的诉讼行为对其他共同诉讼人不发生效力。

第五十六条 当事人一方人数众多的共同诉讼，可以由当事人推选代表人进行诉讼。代表人的诉讼行为对其所代表的当事人发生效力，但代表人变更、放弃诉讼请求或者承认对方当事人的诉讼请求，进行和解，必须经被代表的当事人同意。

第五十七条 诉讼标的是同一种类、当事人一方人数众多在起诉时人数尚未确定的，人民法院可以发出公告，说明案件情况和诉讼请求，通知权利人在一定期间向人民法院登记。

向人民法院登记的权利人可以推选代表人进行诉讼；推选不出代表人的，人民法院可以与参加登记的权利人商定代表人。

代表人的诉讼行为对其所代表的当事人发生效力，但代表人变更、放弃诉讼请求或者承认对方当事人的诉讼请求，进行和解，必须经被代表的当事人同意。

人民法院作出的判决、裁定，对参加登记的全体权利人发生效力。未参加登记的权利人在诉讼时效期间提起诉讼的，适用该判决、裁定。

第五十八条 对污染环境、侵害众多消费者合法权益等损害社会公共利益的行为，法律规定的机关和有关组织可以向人民法院提起诉讼。

人民检察院在履行职责中发现破坏生态环境和资源保护、食品药品安全领域侵害众多消费者合法权益等损害社会公共利益的行为，在没有前款规定的机关和组织或者前款规定的机关和组织不提起诉讼的情况下，可以向人民法院提起诉讼。前款规定的机关或者组织提起诉讼的，人民检察院可以支持起诉。

第五十九条 对当事人双方的诉讼标的，第三人认为有独立请求权的，有权提起诉讼。

对当事人双方的诉讼标的，第三人虽然没有独立请求权，但案件处理结果同他有法律上的利害关系的，可以申请参加诉讼，或者由人民法院通知他参加诉讼。人民法院判决承担民事责任的第三人，有当事人的诉讼权利义务。

前两款规定的第三人，因不能归责于本人的事由未参加诉讼，但有证据证明发生法律效力的判决、裁定、调解书的部分或者全部内容错误，损害其民事权益的，可以自知道或者应当知道其民事权益受到损害之日起六个月内，向作出该判决、裁定、调解书的人民法院提起诉讼。人民法院经审理，诉讼请求成立的，应当改变或者撤销原判决、裁定、调解书；诉讼请求不成立的，驳回诉讼请求。

第二节　诉讼代理人

第六十条 无诉讼行为能力人由他的监护人作为法定代理人代为诉讼。法定代理人之间互相推诿代理责任的，由人民法院指定其中一人代为诉讼。

第六十一条 当事人、法定代理人可以委托一至二人作为诉讼代理人。

下列人员可以被委托为诉讼代理人：

（一）律师、基层法律服务工作者；

（二）当事人的近亲属或者工作人员；

（三）当事人所在社区、单位以及有关社会团体推荐的公民。

第六十二条 委托他人代为诉讼，必须向人民法院提交由委托人签名或者盖章的授权委托书。

授权委托书必须记明委托事项和权限。诉讼代理人代为承认、放弃、变更诉讼请求，进行和解，提起反诉或者上诉，必须有委托人的特别授权。

侨居在国外的中华人民共和国公民从国外寄交或者托交的授权委托书，必须经中华人民共和国驻该国的使领馆证明；没有使领馆的，由与中华人民共和国有外交关系的第三国驻该国的使领馆证明，再转由中华人民共和国驻该第三国使领馆证明，或者由当地的爱国华侨团体证明。

第六十三条 诉讼代理人的权限如果变更或者解除，当事人应当书面告知人民法院，并由人民法院通知对方当事人。

第六十四条 代理诉讼的律师和其他诉讼代理人有权调查收集证据，可以查阅本案有关材料。查阅本案有关材料的范围和办法由最高人民法院规定。

第六十五条 离婚案件有诉讼代理人的，本人除不能表达意思的以外，仍应出庭；确因特殊情况无法出庭的，必须向人民法院提交书面意见。

第六章　证　　据

第六十六条　证据包括：

（一）当事人的陈述；

（二）书证；

（三）物证；

（四）视听资料；

（五）电子数据；

（六）证人证言；

（七）鉴定意见；

（八）勘验笔录。

证据必须查证属实，才能作为认定事实的根据。

第六十七条　当事人对自己提出的主张，有责任提供证据。

当事人及其诉讼代理人因客观原因不能自行收集的证据，或者人民法院认为审理案件需要的证据，人民法院应当调查收集。

人民法院应当按照法定程序，全面地、客观地审查核实证据。

第六十八条　当事人对自己提出的主张应当及时提供证据。

人民法院根据当事人的主张和案件审理情况，确定当事人应当提供的证据及其期限。当事人在该期限内提供证据确有困难的，可以向人民法院申请延长期限，人民法院根据当事人的申请适当延长。当事人逾期提供证据的，人民法院应当责令其说明理由；拒不说明理由或者理由不成立的，人民法院根据不同情形可以不予采纳该证据，或者采纳该证据但予以训诫、罚款。

第六十九条 人民法院收到当事人提交的证据材料，应当出具收据，写明证据名称、页数、份数、原件或者复印件以及收到时间等，并由经办人员签名或者盖章。

第七十条 人民法院有权向有关单位和个人调查取证，有关单位和个人不得拒绝。

人民法院对有关单位和个人提出的证明文书，应当辨别真伪，审查确定其效力。

第七十一条 证据应当在法庭上出示，并由当事人互相质证。对涉及国家秘密、商业秘密和个人隐私的证据应当保密，需要在法庭出示的，不得在公开开庭时出示。

第七十二条 经过法定程序公证证明的法律事实和文书，人民法院应当作为认定事实的根据，但有相反证据足以推翻公证证明的除外。

第七十三条 书证应当提交原件。物证应当提交原物。提交原件或者原物确有困难的，可以提交复制品、照片、副本、节录本。

提交外文书证，必须附有中文译本。

第七十四条 人民法院对视听资料，应当辨别真伪，并结合本案的其他证据，审查确定能否作为认定事实的根据。

第七十五条 凡是知道案件情况的单位和个人，都有义务出庭作证。有关单位的负责人应当支持证人作证。

不能正确表达意思的人，不能作证。

第七十六条 经人民法院通知，证人应当出庭作证。有下列情形之一的，经人民法院许可，可以通过书面证言、视听传输技术或者视听资料等方式作证：

（一）因健康原因不能出庭的；

（二）因路途遥远，交通不便不能出庭的；

（三）因自然灾害等不可抗力不能出庭的；

（四）其他有正当理由不能出庭的。

第七十七条 证人因履行出庭作证义务而支出的交通、住宿、就餐等必要费用以及误工损失，由败诉一方当事人负担。当事人申请证人作证的，由该当事人先行垫付；当事人没有申请，人民法院通知证人作证的，由人民法院先行垫付。

第七十八条 人民法院对当事人的陈述，应当结合本案的其他证据，审查确定能否作为认定事实的根据。

当事人拒绝陈述的，不影响人民法院根据证据认定案件事实。

第七十九条 当事人可以就查明事实的专门性问题向人民法院申请鉴定。当事人申请鉴定的，由双方当事人协商确定具备资格的鉴定人；协商不成的，由人民法院指定。

当事人未申请鉴定，人民法院对专门性问题认为需要鉴定的，应当委托具备资格的鉴定人进行鉴定。

第八十条 鉴定人有权了解进行鉴定所需要的案件材料，

必要时可以询问当事人、证人。

鉴定人应当提出书面鉴定意见，在鉴定书上签名或者盖章。

第八十一条 当事人对鉴定意见有异议或者人民法院认为鉴定人有必要出庭的，鉴定人应当出庭作证。经人民法院通知，鉴定人拒不出庭作证的，鉴定意见不得作为认定事实的根据；支付鉴定费用的当事人可以要求返还鉴定费用。

第八十二条 当事人可以申请人民法院通知有专门知识的人出庭，就鉴定人作出的鉴定意见或者专业问题提出意见。

第八十三条 勘验物证或者现场，勘验人必须出示人民法院的证件，并邀请当地基层组织或者当事人所在单位派人参加。当事人或者当事人的成年家属应当到场，拒不到场的，不影响勘验的进行。

有关单位和个人根据人民法院的通知，有义务保护现场，协助勘验工作。

勘验人应当将勘验情况和结果制作笔录，由勘验人、当事人和被邀参加人签名或者盖章。

第八十四条 在证据可能灭失或者以后难以取得的情况下，当事人可以在诉讼过程中向人民法院申请保全证据，人民法院也可以主动采取保全措施。

因情况紧急，在证据可能灭失或者以后难以取得的情况下，利害关系人可以在提起诉讼或者申请仲裁前向证据所在地、被申请人住所地或者对案件有管辖权的人民法院申请保全证据。

证据保全的其他程序，参照适用本法第九章保全的有关规定。

第七章　期间、送达

第一节　期　　间

第八十五条　期间包括法定期间和人民法院指定的期间。

期间以时、日、月、年计算。期间开始的时和日，不计算在期间内。

期间届满的最后一日是法定休假日的，以法定休假日后的第一日为期间届满的日期。

期间不包括在途时间，诉讼文书在期满前交邮的，不算过期。

第八十六条　当事人因不可抗拒的事由或者其他正当理由耽误期限的，在障碍消除后的十日内，可以申请顺延期限，是否准许，由人民法院决定。

第二节　送　　达

第八十七条　送达诉讼文书必须有送达回证，由受送达人在送达回证上记明收到日期，签名或者盖章。

受送达人在送达回证上的签收日期为送达日期。

第八十八条　送达诉讼文书，应当直接送交受送达人。受送达人是公民的，本人不在交他的同住成年家属签收；受送达人是法人或者其他组织的，应当由法人的法定代表人、其他组织的主要负责人或者该法人、组织负责收件的人签收；

受送达人有诉讼代理人的，可以送交其代理人签收；受送达人已向人民法院指定代收人的，送交代收人签收。

受送达人的同住成年家属，法人或者其他组织的负责收件的人，诉讼代理人或者代收人在送达回证上签收的日期为送达日期。

第八十九条 受送达人或者他的同住成年家属拒绝接收诉讼文书的，送达人可以邀请有关基层组织或者所在单位的代表到场，说明情况，在送达回证上记明拒收事由和日期，由送达人、见证人签名或者盖章，把诉讼文书留在受送达人的住所；也可以把诉讼文书留在受送达人的住所，并采用拍照、录像等方式记录送达过程，即视为送达。

第九十条 经受送达人同意，人民法院可以采用能够确认其收悉的电子方式送达诉讼文书。通过电子方式送达的判决书、裁定书、调解书，受送达人提出需要纸质文书的，人民法院应当提供。

采用前款方式送达的，以送达信息到达受送达人特定系统的日期为送达日期。

第九十一条 直接送达诉讼文书有困难的，可以委托其他人民法院代为送达，或者邮寄送达。邮寄送达的，以回执上注明的收件日期为送达日期。

第九十二条 受送达人是军人的，通过其所在部队团以上单位的政治机关转交。

第九十三条 受送达人被监禁的，通过其所在监所转交。

受送达人被采取强制性教育措施的，通过其所在强制性教育机构转交。

第九十四条 代为转交的机关、单位收到诉讼文书后，必须立即交受送达人签收，以在送达回证上的签收日期，为送达日期。

第九十五条 受送达人下落不明，或者用本节规定的其他方式无法送达的，公告送达。自发出公告之日起，经过三十日，即视为送达。

公告送达，应当在案卷中记明原因和经过。

第八章 调　　解

第九十六条 人民法院审理民事案件，根据当事人自愿的原则，在事实清楚的基础上，分清是非，进行调解。

第九十七条 人民法院进行调解，可以由审判员一人主持，也可以由合议庭主持，并尽可能就地进行。

人民法院进行调解，可以用简便方式通知当事人、证人到庭。

第九十八条 人民法院进行调解，可以邀请有关单位和个人协助。被邀请的单位和个人，应当协助人民法院进行调解。

第九十九条 调解达成协议，必须双方自愿，不得强迫。调解协议的内容不得违反法律规定。

第一百条 调解达成协议，人民法院应当制作调解书。调解书应当写明诉讼请求、案件的事实和调解结果。

调解书由审判人员、书记员署名，加盖人民法院印章，送达双方当事人。

调解书经双方当事人签收后，即具有法律效力。

第一百零一条 下列案件调解达成协议，人民法院可以不制作调解书：

（一）调解和好的离婚案件；

（二）调解维持收养关系的案件；

（三）能够即时履行的案件；

（四）其他不需要制作调解书的案件。

对不需要制作调解书的协议，应当记入笔录，由双方当事人、审判人员、书记员签名或者盖章后，即具有法律效力。

第一百零二条 调解未达成协议或者调解书送达前一方反悔的，人民法院应当及时判决。

第九章 保全和先予执行

第一百零三条 人民法院对于可能因当事人一方的行为或者其他原因，使判决难以执行或者造成当事人其他损害的案件，根据对方当事人的申请，可以裁定对其财产进行保全、责令其作出一定行为或者禁止其作出一定行为；当事人没有提出申请的，人民法院在必要时也可以裁定采取保全措施。

人民法院采取保全措施，可以责令申请人提供担保，申请人不提供担保的，裁定驳回申请。

人民法院接受申请后，对情况紧急的，必须在四十八小时内作出裁定；裁定采取保全措施的，应当立即开始执行。

第一百零四条 利害关系人因情况紧急，不立即申请保全将会使其合法权益受到难以弥补的损害的，可以在提起诉讼或者申请仲裁前向被保全财产所在地、被申请人住所地或者对案件有管辖权的人民法院申请采取保全措施。申请人应当提供担保，不提供担保的，裁定驳回申请。

人民法院接受申请后，必须在四十八小时内作出裁定；裁定采取保全措施的，应当立即开始执行。

申请人在人民法院采取保全措施后三十日内不依法提起诉讼或者申请仲裁的，人民法院应当解除保全。

第一百零五条 保全限于请求的范围，或者与本案有关的财物。

第一百零六条 财产保全采取查封、扣押、冻结或者法律规定的其他方法。人民法院保全财产后，应当立即通知被保全财产的人。

财产已被查封、冻结的，不得重复查封、冻结。

第一百零七条 财产纠纷案件，被申请人提供担保的，人民法院应当裁定解除保全。

第一百零八条 申请有错误的，申请人应当赔偿被申请人因保全所遭受的损失。

第一百零九条 人民法院对下列案件，根据当事人的申请，可以裁定先予执行：

（一）追索赡养费、扶养费、抚养费、抚恤金、医疗费用的；

（二）追索劳动报酬的；

（三）因情况紧急需要先予执行的。

第一百一十条 人民法院裁定先予执行的，应当符合下列条件：

（一）当事人之间权利义务关系明确，不先予执行将严重影响申请人的生活或者生产经营的；

（二）被申请人有履行能力。

人民法院可以责令申请人提供担保，申请人不提供担保的，驳回申请。申请人败诉的，应当赔偿被申请人因先予执行遭受的财产损失。

第一百一十一条 当事人对保全或者先予执行的裁定不服的，可以申请复议一次。复议期间不停止裁定的执行。

第十章 对妨害民事诉讼的强制措施

第一百一十二条 人民法院对必须到庭的被告，经两次传票传唤，无正当理由拒不到庭的，可以拘传。

第一百一十三条 诉讼参与人和其他人应当遵守法庭规则。

人民法院对违反法庭规则的人，可以予以训诫，责令退出法庭或者予以罚款、拘留。

人民法院对哄闹、冲击法庭，侮辱、诽谤、威胁、殴打审判人员，严重扰乱法庭秩序的人，依法追究刑事责任；情节较轻的，予以罚款、拘留。

第一百一十四条 诉讼参与人或者其他人有下列行为之一的，人民法院可以根据情节轻重予以罚款、拘留；构成犯罪的，依法追究刑事责任：

（一）伪造、毁灭重要证据，妨碍人民法院审理案件的；

（二）以暴力、威胁、贿买方法阻止证人作证或者指使、贿买、胁迫他人作伪证的；

（三）隐藏、转移、变卖、毁损已被查封、扣押的财产，或者已被清点并责令其保管的财产，转移已被冻结的财产的；

（四）对司法工作人员、诉讼参加人、证人、翻译人员、鉴定人、勘验人、协助执行的人，进行侮辱、诽谤、诬陷、殴打或者打击报复的；

（五）以暴力、威胁或者其他方法阻碍司法工作人员执行职务的；

（六）拒不履行人民法院已经发生法律效力的判决、裁定的。

人民法院对有前款规定的行为之一的单位，可以对其主要负责人或者直接责任人员予以罚款、拘留；构成犯罪的，依法追究刑事责任。

第一百一十五条 当事人之间恶意串通，企图通过诉讼、调解等方式侵害他人合法权益的，人民法院应当驳回其请求，并根据情节轻重予以罚款、拘留；构成犯罪的，依法追究刑事责任。

第一百一十六条 被执行人与他人恶意串通，通过诉讼、仲裁、调解等方式逃避履行法律文书确定的义务的，人民法院应当根据情节轻重予以罚款、拘留；构成犯罪的，依法追究刑事责任。

第一百一十七条 有义务协助调查、执行的单位有下列行为之一的，人民法院除责令其履行协助义务外，并可以予以罚款：

（一）有关单位拒绝或者妨碍人民法院调查取证的；

（二）有关单位接到人民法院协助执行通知书后，拒不协助查询、扣押、冻结、划拨、变价财产的；

（三）有关单位接到人民法院协助执行通知书后，拒不协助扣留被执行人的收入、办理有关财产权证照转移手续、转交有关票证、证照或者其他财产的；

（四）其他拒绝协助执行的。

人民法院对有前款规定的行为之一的单位，可以对其主要负责人或者直接责任人员予以罚款；对仍不履行协助义务的，可以予以拘留；并可以向监察机关或者有关机关提出予以纪律处分的司法建议。

第一百一十八条 对个人的罚款金额，为人民币十万元以下。对单位的罚款金额，为人民币五万元以上一百万元以下。

拘留的期限，为十五日以下。

被拘留的人，由人民法院交公安机关看管。在拘留期间，被拘留人承认并改正错误的，人民法院可以决定提前解除拘留。

第一百一十九条 拘传、罚款、拘留必须经院长批准。

拘传应当发拘传票。

罚款、拘留应当用决定书。对决定不服的，可以向上一级人民法院申请复议一次。复议期间不停止执行。

第一百二十条 采取对妨害民事诉讼的强制措施必须由人民法院决定。任何单位和个人采取非法拘禁他人或者非法私自扣押他人财产追索债务的，应当依法追究刑事责任，或者予以拘留、罚款。

第十一章 诉讼费用

第一百二十一条 当事人进行民事诉讼，应当按照规定交纳案件受理费。财产案件除交纳案件受理费外，并按照规定交纳其他诉讼费用。

当事人交纳诉讼费用确有困难的，可以按照规定向人民法院申请缓交、减交或者免交。

收取诉讼费用的办法另行制定。

第二编 审判程序

第十二章 第一审普通程序

第一节 起诉和受理

第一百二十二条 起诉必须符合下列条件：

（一）原告是与本案有直接利害关系的公民、法人和其他组织；

（二）有明确的被告；

（三）有具体的诉讼请求和事实、理由；

（四）属于人民法院受理民事诉讼的范围和受诉人民法院管辖。

第一百二十三条 起诉应当向人民法院递交起诉状，并按照被告人数提出副本。

书写起诉状确有困难的，可以口头起诉，由人民法院记入笔录，并告知对方当事人。

第一百二十四条 起诉状应当记明下列事项：

（一）原告的姓名、性别、年龄、民族、职业、工作单位、住所、联系方式，法人或者其他组织的名称、住所和法定代表人或者主要负责人的姓名、职务、联系方式；

（二）被告的姓名、性别、工作单位、住所等信息，法人或者其他组织的名称、住所等信息；

（三）诉讼请求和所根据的事实与理由；

（四）证据和证据来源，证人姓名和住所。

第一百二十五条 当事人起诉到人民法院的民事纠纷，适宜调解的，先行调解，但当事人拒绝调解的除外。

第一百二十六条 人民法院应当保障当事人依照法律规定享有的起诉权利。对符合本法第一百二十二条的起诉，必须受理。符合起诉条件的，应当在七日内立案，并通知当事人；不符合起诉条件的，应当在七日内作出裁定书，不予受理；原告对裁定不服的，可以提起上诉。

第一百二十七条 人民法院对下列起诉，分别情形，予以处理：

（一）依照行政诉讼法的规定，属于行政诉讼受案范围的，告知原告提起行政诉讼；

（二）依照法律规定，双方当事人达成书面仲裁协议申请仲裁、不得向人民法院起诉的，告知原告向仲裁机构申请仲裁；

（三）依照法律规定，应当由其他机关处理的争议，告知原告向有关机关申请解决；

（四）对不属于本院管辖的案件，告知原告向有管辖权的人民法院起诉；

（五）对判决、裁定、调解书已经发生法律效力的案件，当事人又起诉的，告知原告申请再审，但人民法院准许撤诉的裁定除外；

（六）依照法律规定，在一定期限内不得起诉的案件，在不得起诉的期限内起诉的，不予受理；

（七）判决不准离婚和调解和好的离婚案件，判决、调解维持收养关系的案件，没有新情况、新理由，原告在六个月内又起诉的，不予受理。

第二节　审理前的准备

第一百二十八条　人民法院应当在立案之日起五日内将起诉状副本发送被告，被告应当在收到之日起十五日内提出答辩状。答辩状应当记明被告的姓名、性别、年龄、民族、职业、工作单位、住所、联系方式；法人或者其他组织的名称、住所和法定代表人或者主要负责人的姓名、职务、联系方式。人民法院应当在收到答辩状之日起五日内将答辩状副本发送原告。

被告不提出答辩状的，不影响人民法院审理。

第一百二十九条　人民法院对决定受理的案件，应当在受理案件通知书和应诉通知书中向当事人告知有关的诉讼权利义务，或者口头告知。

第一百三十条　人民法院受理案件后，当事人对管辖权有异议的，应当在提交答辩状期间提出。人民法院对当事人提出的异议，应当审查。异议成立的，裁定将案件移送有管辖权的人民法院；异议不成立的，裁定驳回。

当事人未提出管辖异议，并应诉答辩的，视为受诉人民法院有管辖权，但违反级别管辖和专属管辖规定的除外。

第一百三十一条　审判人员确定后，应当在三日内告知当事人。

第一百三十二条　审判人员必须认真审核诉讼材料，调查收集必要的证据。

第一百三十三条　人民法院派出人员进行调查时，应当向被调查人出示证件。

调查笔录经被调查人校阅后，由被调查人、调查人签名或者盖章。

第一百三十四条　人民法院在必要时可以委托外地人民法院调查。

委托调查，必须提出明确的项目和要求。受委托人民法院可以主动补充调查。

受委托人民法院收到委托书后，应当在三十日内完成调查。因故不能完成的，应当在上述期限内函告委托人民法院。

第一百三十五条　必须共同进行诉讼的当事人没有参加

诉讼的，人民法院应当通知其参加诉讼。

第一百三十六条 人民法院对受理的案件，分别情形，予以处理：

（一）当事人没有争议，符合督促程序规定条件的，可以转入督促程序；

（二）开庭前可以调解的，采取调解方式及时解决纠纷；

（三）根据案件情况，确定适用简易程序或者普通程序；

（四）需要开庭审理的，通过要求当事人交换证据等方式，明确争议焦点。

第三节 开庭审理

第一百三十七条 人民法院审理民事案件，除涉及国家秘密、个人隐私或者法律另有规定的以外，应当公开进行。

离婚案件，涉及商业秘密的案件，当事人申请不公开审理的，可以不公开审理。

第一百三十八条 人民法院审理民事案件，根据需要进行巡回审理，就地办案。

第一百三十九条 人民法院审理民事案件，应当在开庭三日前通知当事人和其他诉讼参与人。公开审理的，应当公告当事人姓名、案由和开庭的时间、地点。

第一百四十条 开庭审理前，书记员应当查明当事人和其他诉讼参与人是否到庭，宣布法庭纪律。

开庭审理时，由审判长或者独任审判员核对当事人，宣布案由，宣布审判人员、书记员名单，告知当事人有关的诉讼权利义务，询问当事人是否提出回避申请。

第一百四十一条 法庭调查按照下列顺序进行：

（一）当事人陈述；

（二）告知证人的权利义务，证人作证，宣读未到庭的证人证言；

（三）出示书证、物证、视听资料和电子数据；

（四）宣读鉴定意见；

（五）宣读勘验笔录。

第一百四十二条 当事人在法庭上可以提出新的证据。

当事人经法庭许可，可以向证人、鉴定人、勘验人发问。

当事人要求重新进行调查、鉴定或者勘验的，是否准许，由人民法院决定。

第一百四十三条 原告增加诉讼请求，被告提出反诉，第三人提出与本案有关的诉讼请求，可以合并审理。

第一百四十四条 法庭辩论按照下列顺序进行：

（一）原告及其诉讼代理人发言；

（二）被告及其诉讼代理人答辩；

（三）第三人及其诉讼代理人发言或者答辩；

（四）互相辩论。

法庭辩论终结，由审判长或者独任审判员按照原告、被告、第三人的先后顺序征询各方最后意见。

第一百四十五条 法庭辩论终结，应当依法作出判决。判决前能够调解的，还可以进行调解，调解不成的，应当及时判决。

第一百四十六条 原告经传票传唤，无正当理由拒不到庭的，或者未经法庭许可中途退庭的，可以按撤诉处理；被告反诉的，可以缺席判决。

第一百四十七条 被告经传票传唤，无正当理由拒不到庭的，或者未经法庭许可中途退庭的，可以缺席判决。

第一百四十八条 宣判前，原告申请撤诉的，是否准许，由人民法院裁定。

人民法院裁定不准许撤诉的，原告经传票传唤，无正当理由拒不到庭的，可以缺席判决。

第一百四十九条 有下列情形之一的，可以延期开庭审理：

（一）必须到庭的当事人和其他诉讼参与人有正当理由没有到庭的；

（二）当事人临时提出回避申请的；

（三）需要通知新的证人到庭，调取新的证据，重新鉴定、勘验，或者需要补充调查的；

（四）其他应当延期的情形。

第一百五十条 书记员应当将法庭审理的全部活动记入笔录，由审判人员和书记员签名。

法庭笔录应当当庭宣读，也可以告知当事人和其他诉讼参与人当庭或者在五日内阅读。当事人和其他诉讼参与人认为对自己的陈述记录有遗漏或者差错的，有权申请补正。如果不予补正，应当将申请记录在案。

法庭笔录由当事人和其他诉讼参与人签名或者盖章。拒绝签名盖章的，记明情况附卷。

第一百五十一条　人民法院对公开审理或者不公开审理的案件，一律公开宣告判决。

当庭宣判的，应当在十日内发送判决书；定期宣判的，宣判后立即发给判决书。

宣告判决时，必须告知当事人上诉权利、上诉期限和上诉的法院。

宣告离婚判决，必须告知当事人在判决发生法律效力前不得另行结婚。

第一百五十二条　人民法院适用普通程序审理的案件，应当在立案之日起六个月内审结。有特殊情况需要延长的，经本院院长批准，可以延长六个月；还需要延长的，报请上级人民法院批准。

第四节　诉讼中止和终结

第一百五十三条　有下列情形之一的，中止诉讼：

（一）一方当事人死亡，需要等待继承人表明是否参加诉讼的；

（二）一方当事人丧失诉讼行为能力，尚未确定法定代理人的；

（三）作为一方当事人的法人或者其他组织终止，尚未确定权利义务承受人的；

（四）一方当事人因不可抗拒的事由，不能参加诉讼的；

（五）本案必须以另一案的审理结果为依据，而另一案尚未审结的；

（六）其他应当中止诉讼的情形。

中止诉讼的原因消除后，恢复诉讼。

第一百五十四条 有下列情形之一的，终结诉讼：

（一）原告死亡，没有继承人，或者继承人放弃诉讼权利的；

（二）被告死亡，没有遗产，也没有应当承担义务的人的；

（三）离婚案件一方当事人死亡的；

（四）追索赡养费、扶养费、抚养费以及解除收养关系案件的一方当事人死亡的。

第五节 判决和裁定

第一百五十五条 判决书应当写明判决结果和作出该判决的理由。判决书内容包括：

（一）案由、诉讼请求、争议的事实和理由；

（二）判决认定的事实和理由、适用的法律和理由；

（三）判决结果和诉讼费用的负担；

（四）上诉期间和上诉的法院。

判决书由审判人员、书记员署名，加盖人民法院印章。

第一百五十六条 人民法院审理案件，其中一部分事实已经清楚，可以就该部分先行判决。

第一百五十七条 裁定适用于下列范围：

（一）不予受理；

（二）对管辖权有异议的；

（三）驳回起诉；

（四）保全和先予执行；

（五）准许或者不准许撤诉；

（六）中止或者终结诉讼；

（七）补正判决书中的笔误；

（八）中止或者终结执行；

（九）撤销或者不予执行仲裁裁决；

（十）不予执行公证机关赋予强制执行效力的债权文书；

（十一）其他需要裁定解决的事项。

对前款第一项至第三项裁定，可以上诉。

裁定书应当写明裁定结果和作出该裁定的理由。裁定书由审判人员、书记员署名，加盖人民法院印章。口头裁定的，记入笔录。

第一百五十八条 最高人民法院的判决、裁定，以及依法不准上诉或者超过上诉期没有上诉的判决、裁定，是发生法律效力的判决、裁定。

第一百五十九条 公众可以查阅发生法律效力的判决书、裁定书，但涉及国家秘密、商业秘密和个人隐私的内容除外。

第十三章 简易程序

第一百六十条 基层人民法院和它派出的法庭审理事实清楚、权利义务关系明确、争议不大的简单的民事案件，适用本章规定。

基层人民法院和它派出的法庭审理前款规定以外的民事案件，当事人双方也可以约定适用简易程序。

第一百六十一条 对简单的民事案件，原告可以口头起诉。

当事人双方可以同时到基层人民法院或者它派出的法庭，请求解决纠纷。基层人民法院或者它派出的法庭可以当即审理，也可以另定日期审理。

第一百六十二条 基层人民法院和它派出的法庭审理简单的民事案件，可以用简便方式传唤当事人和证人、送达诉讼文书、审理案件，但应当保障当事人陈述意见的权利。

第一百六十三条 简单的民事案件由审判员一人独任审理，并不受本法第一百三十九条、第一百四十一条、第一百四十四条规定的限制。

第一百六十四条 人民法院适用简易程序审理案件，应当在立案之日起三个月内审结。有特殊情况需要延长的，经本院院长批准，可以延长一个月。

第一百六十五条 基层人民法院和它派出的法庭审理事实清楚、权利义务关系明确、争议不大的简单金钱给付民事案件，标的额为各省、自治区、直辖市上年度就业人员年平均工资百分之五十以下的，适用小额诉讼的程序审理，实行一审终审。

基层人民法院和它派出的法庭审理前款规定的民事案件，标的额超过各省、自治区、直辖市上年度就业人员年平均工资百分之五十但在二倍以下的，当事人双方也可以约定适用小额诉讼的程序。

第一百六十六条　人民法院审理下列民事案件，不适用小额诉讼的程序：

（一）人身关系、财产确权案件；

（二）涉外案件；

（三）需要评估、鉴定或者对诉前评估、鉴定结果有异议的案件；

（四）一方当事人下落不明的案件；

（五）当事人提出反诉的案件；

（六）其他不宜适用小额诉讼的程序审理的案件。

第一百六十七条　人民法院适用小额诉讼的程序审理案件，可以一次开庭审结并且当庭宣判。

第一百六十八条　人民法院适用小额诉讼的程序审理案件，应当在立案之日起两个月内审结。有特殊情况需要延长的，经本院院长批准，可以延长一个月。

第一百六十九条　人民法院在审理过程中，发现案件不宜适用小额诉讼的程序的，应当适用简易程序的其他规定审理或者裁定转为普通程序。

当事人认为案件适用小额诉讼的程序审理违反法律规定的，可以向人民法院提出异议。人民法院对当事人提出的异议应当审查，异议成立的，应当适用简易程序的其他规定审理或者裁定转为普通程序；异议不成立的，裁定驳回。

第一百七十条　人民法院在审理过程中，发现案件不宜适用简易程序的，裁定转为普通程序。

第十四章　第二审程序

第一百七十一条　当事人不服地方人民法院第一审判决的，有权在判决书送达之日起十五日内向上一级人民法院提起上诉。

当事人不服地方人民法院第一审裁定的，有权在裁定书送达之日起十日内向上一级人民法院提起上诉。

第一百七十二条　上诉应当递交上诉状。上诉状的内容，应当包括当事人的姓名，法人的名称及其法定代表人的姓名或者其他组织的名称及其主要负责人的姓名；原审人民法院名称、案件的编号和案由；上诉的请求和理由。

第一百七十三条　上诉状应当通过原审人民法院提出，并按照对方当事人或者代表人的人数提出副本。

当事人直接向第二审人民法院上诉的，第二审人民法院应当在五日内将上诉状移交原审人民法院。

第一百七十四条　原审人民法院收到上诉状，应当在五日内将上诉状副本送达对方当事人，对方当事人在收到之日起十五日内提出答辩状。人民法院应当在收到答辩状之日起五日内将副本送达上诉人。对方当事人不提出答辩状的，不影响人民法院审理。

原审人民法院收到上诉状、答辩状，应当在五日内连同全部案卷和证据，报送第二审人民法院。

第一百七十五条　第二审人民法院应当对上诉请求的有关事实和适用法律进行审查。

第一百七十六条 第二审人民法院对上诉案件应当开庭审理。经过阅卷、调查和询问当事人，对没有提出新的事实、证据或者理由，人民法院认为不需要开庭审理的，可以不开庭审理。

第二审人民法院审理上诉案件，可以在本院进行，也可以到案件发生地或者原审人民法院所在地进行。

第一百七十七条 第二审人民法院对上诉案件，经过审理，按照下列情形，分别处理：

（一）原判决、裁定认定事实清楚，适用法律正确的，以判决、裁定方式驳回上诉，维持原判决、裁定；

（二）原判决、裁定认定事实错误或者适用法律错误的，以判决、裁定方式依法改判、撤销或者变更；

（三）原判决认定基本事实不清的，裁定撤销原判决，发回原审人民法院重审，或者查清事实后改判；

（四）原判决遗漏当事人或者违法缺席判决等严重违反法定程序的，裁定撤销原判决，发回原审人民法院重审。

原审人民法院对发回重审的案件作出判决后，当事人提起上诉的，第二审人民法院不得再次发回重审。

第一百七十八条 第二审人民法院对不服第一审人民法院裁定的上诉案件的处理，一律使用裁定。

第一百七十九条 第二审人民法院审理上诉案件，可以进行调解。调解达成协议，应当制作调解书，由审判人员、书记员署名，加盖人民法院印章。调解书送达后，原审人民法院的判决即视为撤销。

第一百八十条 第二审人民法院判决宣告前，上诉人申请撤回上诉的，是否准许，由第二审人民法院裁定。

第一百八十一条 第二审人民法院审理上诉案件，除依照本章规定外，适用第一审普通程序。

第一百八十二条 第二审人民法院的判决、裁定，是终审的判决、裁定。

第一百八十三条 人民法院审理对判决的上诉案件，应当在第二审立案之日起三个月内审结。有特殊情况需要延长的，由本院院长批准。

人民法院审理对裁定的上诉案件，应当在第二审立案之日起三十日内作出终审裁定。

第十五章 特别程序

第一节 一般规定

第一百八十四条 人民法院审理选民资格案件、宣告失踪或者宣告死亡案件、认定公民无民事行为能力或者限制民事行为能力案件、认定财产无主案件、确认调解协议案件和实现担保物权案件，适用本章规定。本章没有规定的，适用本法和其他法律的有关规定。

第一百八十五条 依照本章程序审理的案件，实行一审终审。选民资格案件或者重大、疑难的案件，由审判员组成合议庭审理；其他案件由审判员一人独任审理。

第一百八十六条 人民法院在依照本章程序审理案件的过程中，发现本案属于民事权益争议的，应当裁定终结特别程序，并告知利害关系人可以另行起诉。

第一百八十七条 人民法院适用特别程序审理的案件，应当在立案之日起三十日内或者公告期满后三十日内审结。有特殊情况需要延长的，由本院院长批准。但审理选民资格的案件除外。

第二节 选民资格案件

第一百八十八条 公民不服选举委员会对选民资格的申诉所作的处理决定，可以在选举日的五日以前向选区所在地基层人民法院起诉。

第一百八十九条 人民法院受理选民资格案件后，必须在选举日前审结。

审理时，起诉人、选举委员会的代表和有关公民必须参加。

人民法院的判决书，应当在选举日前送达选举委员会和起诉人，并通知有关公民。

第三节 宣告失踪、宣告死亡案件

第一百九十条 公民下落不明满二年，利害关系人申请宣告其失踪的，向下落不明人住所地基层人民法院提出。

申请书应当写明失踪的事实、时间和请求，并附有公安机关或者其他有关机关关于该公民下落不明的书面证明。

第一百九十一条 公民下落不明满四年，或者因意外事件下落不明满二年，或者因意外事件下落不明，经有关机关证明该公民不可能生存，利害关系人申请宣告其死亡的，向下落不明人住所地基层人民法院提出。

申请书应当写明下落不明的事实、时间和请求，并附有公安机关或者其他有关机关关于该公民下落不明的书面证明。

第一百九十二条 人民法院受理宣告失踪、宣告死亡案件后，应当发出寻找下落不明人的公告。宣告失踪的公告期间为三个月，宣告死亡的公告期间为一年。因意外事件下落不明，经有关机关证明该公民不可能生存的，宣告死亡的公告期间为三个月。

公告期间届满，人民法院应当根据被宣告失踪、宣告死亡的事实是否得到确认，作出宣告失踪、宣告死亡的判决或者驳回申请的判决。

第一百九十三条 被宣告失踪、宣告死亡的公民重新出现，经本人或者利害关系人申请，人民法院应当作出新判决，撤销原判决。

第四节 认定公民无民事行为能力、限制民事行为能力案件

第一百九十四条 申请认定公民无民事行为能力或者限制民事行为能力，由利害关系人或者有关组织向该公民住所地基层人民法院提出。

申请书应当写明该公民无民事行为能力或者限制民事行为能力的事实和根据。

第一百九十五条 人民法院受理申请后，必要时应当对

被请求认定为无民事行为能力或者限制民事行为能力的公民进行鉴定。申请人已提供鉴定意见的，应当对鉴定意见进行审查。

第一百九十六条　人民法院审理认定公民无民事行为能力或者限制民事行为能力的案件，应当由该公民的近亲属为代理人，但申请人除外。近亲属互相推诿的，由人民法院指定其中一人为代理人。该公民健康情况许可的，还应当询问本人的意见。

人民法院经审理认定申请有事实根据的，判决该公民为无民事行为能力或者限制民事行为能力人；认定申请没有事实根据的，应当判决予以驳回。

第一百九十七条　人民法院根据被认定为无民事行为能力人、限制民事行为能力人本人、利害关系人或者有关组织的申请，证实该公民无民事行为能力或者限制民事行为能力的原因已经消除的，应当作出新判决，撤销原判决。

第五节　认定财产无主案件

第一百九十八条　申请认定财产无主，由公民、法人或者其他组织向财产所在地基层人民法院提出。

申请书应当写明财产的种类、数量以及要求认定财产无主的根据。

第一百九十九条　人民法院受理申请后，经审查核实，应当发出财产认领公告。公告满一年无人认领的，判决认定财产无主，收归国家或者集体所有。

第二百条 判决认定财产无主后，原财产所有人或者继承人出现，在民法典规定的诉讼时效期间可以对财产提出请求，人民法院审查属实后，应当作出新判决，撤销原判决。

第六节 确认调解协议案件

第二百零一条 经依法设立的调解组织调解达成调解协议，申请司法确认的，由双方当事人自调解协议生效之日起三十日内，共同向下列人民法院提出：

（一）人民法院邀请调解组织开展先行调解的，向作出邀请的人民法院提出；

（二）调解组织自行开展调解的，向当事人住所地、标的物所在地、调解组织所在地的基层人民法院提出；调解协议所涉纠纷应当由中级人民法院管辖的，向相应的中级人民法院提出。

第二百零二条 人民法院受理申请后，经审查，符合法律规定的，裁定调解协议有效，一方当事人拒绝履行或者未全部履行的，对方当事人可以向人民法院申请执行；不符合法律规定的，裁定驳回申请，当事人可以通过调解方式变更原调解协议或者达成新的调解协议，也可以向人民法院提起诉讼。

第七节 实现担保物权案件

第二百零三条 申请实现担保物权，由担保物权人以及其他有权请求实现担保物权的人依照民法典等法律，向担保财产所在地或者担保物权登记地基层人民法院提出。

第二百零四条 人民法院受理申请后，经审查，符合法律规定的，裁定拍卖、变卖担保财产，当事人依据该裁定可以向人民法院申请执行；不符合法律规定的，裁定驳回申请，当事人可以向人民法院提起诉讼。

第十六章 审判监督程序

第二百零五条 各级人民法院院长对本院已经发生法律效力的判决、裁定、调解书，发现确有错误，认为需要再审的，应当提交审判委员会讨论决定。

最高人民法院对地方各级人民法院已经发生法律效力的判决、裁定、调解书，上级人民法院对下级人民法院已经发生法律效力的判决、裁定、调解书，发现确有错误的，有权提审或者指令下级人民法院再审。

第二百零六条 当事人对已经发生法律效力的判决、裁定，认为有错误的，可以向上一级人民法院申请再审；当事人一方人数众多或者当事人双方为公民的案件，也可以向原审人民法院申请再审。当事人申请再审的，不停止判决、裁定的执行。

第二百零七条 当事人的申请符合下列情形之一的，人民法院应当再审：

（一）有新的证据，足以推翻原判决、裁定的；

（二）原判决、裁定认定的基本事实缺乏证据证明的；

（三）原判决、裁定认定事实的主要证据是伪造的；

（四）原判决、裁定认定事实的主要证据未经质证的；

（五）对审理案件需要的主要证据，当事人因客观原因不能自行收集，书面申请人民法院调查收集，人民法院未调查收集的；

（六）原判决、裁定适用法律确有错误的；

（七）审判组织的组成不合法或者依法应当回避的审判人员没有回避的；

（八）无诉讼行为能力人未经法定代理人代为诉讼或者应当参加诉讼的当事人，因不能归责于本人或者其诉讼代理人的事由，未参加诉讼的；

（九）违反法律规定，剥夺当事人辩论权利的；

（十）未经传票传唤，缺席判决的；

（十一）原判决、裁定遗漏或者超出诉讼请求的；

（十二）据以作出原判决、裁定的法律文书被撤销或者变更的；

（十三）审判人员审理该案件时有贪污受贿，徇私舞弊，枉法裁判行为的。

第二百零八条　当事人对已经发生法律效力的调解书，提出证据证明调解违反自愿原则或者调解协议的内容违反法律的，可以申请再审。经人民法院审查属实的，应当再审。

第二百零九条　当事人对已经发生法律效力的解除婚姻关系的判决、调解书，不得申请再审。

第二百一十条　当事人申请再审的，应当提交再审申请书等材料。人民法院应当自收到再审申请书之日起五日内将再审申请书副本发送对方当事人。对方当事人应当自收到再审申请书副本之日起十五日内提交书面意见；不提交书面意见的，不影响人民法院审查。人民法院可以要求申请人和对方当事人补充有关材料，询问有关事项。

第二百一十一条 人民法院应当自收到再审申请书之日起三个月内审查，符合本法规定的，裁定再审；不符合本法规定的，裁定驳回申请。有特殊情况需要延长的，由本院院长批准。

因当事人申请裁定再审的案件由中级人民法院以上的人民法院审理，但当事人依照本法第二百零六条的规定选择向基层人民法院申请再审的除外。最高人民法院、高级人民法院裁定再审的案件，由本院再审或者交其他人民法院再审，也可以交原审人民法院再审。

第二百一十二条 当事人申请再审，应当在判决、裁定发生法律效力后六个月内提出；有本法第二百零七条第一项、第三项、第十二项、第十三项规定情形的，自知道或者应当知道之日起六个月内提出。

第二百一十三条 按照审判监督程序决定再审的案件，裁定中止原判决、裁定、调解书的执行，但追索赡养费、扶养费、抚养费、抚恤金、医疗费用、劳动报酬等案件，可以不中止执行。

第二百一十四条 人民法院按照审判监督程序再审的案件，发生法律效力的判决、裁定是由第一审法院作出的，按照第一审程序审理，所作的判决、裁定，当事人可以上诉；

发生法律效力的判决、裁定是由第二审法院作出的，按照第二审程序审理，所作的判决、裁定，是发生法律效力的判决、裁定；上级人民法院按照审判监督程序提审的，按照第二审程序审理，所作的判决、裁定是发生法律效力的判决、裁定。

人民法院审理再审案件，应当另行组成合议庭。

第二百一十五条 最高人民检察院对各级人民法院已经发生法律效力的判决、裁定，上级人民检察院对下级人民法院已经发生法律效力的判决、裁定，发现有本法第二百零七条规定情形之一的，或者发现调解书损害国家利益、社会公共利益的，应当提出抗诉。

地方各级人民检察院对同级人民法院已经发生法律效力的判决、裁定，发现有本法第二百零七条规定情形之一的，或者发现调解书损害国家利益、社会公共利益的，可以向同级人民法院提出检察建议，并报上级人民检察院备案；也可以提请上级人民检察院向同级人民法院提出抗诉。

各级人民检察院对审判监督程序以外的其他审判程序中审判人员的违法行为，有权向同级人民法院提出检察建议。

第二百一十六条 有下列情形之一的，当事人可以向人民检察院申请检察建议或者抗诉：

（一）人民法院驳回再审申请的；

（二）人民法院逾期未对再审申请作出裁定的；

（三）再审判决、裁定有明显错误的。

人民检察院对当事人的申请应当在三个月内进行审查，作出提出或者不予提出检察建议或者抗诉的决定。当事人不得再次向人民检察院申请检察建议或者抗诉。

第二百一十七条 人民检察院因履行法律监督职责提出检察建议或者抗诉的需要，可以向当事人或者案外人调查核实有关情况。

第二百一十八条 人民检察院提出抗诉的案件，接受抗诉的人民法院应当自收到抗诉书之日起三十日内作出再审的裁定；有本法第二百零七条第一项至第五项规定情形之一的，可以交下一级人民法院再审，但经该下一级人民法院再审的除外。

第二百一十九条 人民检察院决定对人民法院的判决、裁定、调解书提出抗诉的，应当制作抗诉书。

第二百二十条 人民检察院提出抗诉的案件，人民法院再审时，应当通知人民检察院派员出席法庭。

第十七章 督促程序

第二百二十一条 债权人请求债务人给付金钱、有价证券，符合下列条件的，可以向有管辖权的基层人民法院申请支付令：

（一）债权人与债务人没有其他债务纠纷的；

（二）支付令能够送达债务人的。

申请书应当写明请求给付金钱或者有价证券的数量和所根据的事实、证据。

第二百二十二条 债权人提出申请后，人民法院应当在五日内通知债权人是否受理。

第二百二十三条 人民法院受理申请后，经审查债权人提供的事实、证据，对债权债务关系明确、合法的，应当在受理之日起十五日内向债务人发出支付令；申请不成立的，裁定予以驳回。

债务人应当自收到支付令之日起十五日内清偿债务，或者向人民法院提出书面异议。

债务人在前款规定的期间不提出异议又不履行支付令的，债权人可以向人民法院申请执行。

第二百二十四条 人民法院收到债务人提出的书面异议后，经审查，异议成立的，应当裁定终结督促程序，支付令自行失效。

支付令失效的，转入诉讼程序，但申请支付令的一方当事人不同意提起诉讼的除外。

第十八章 公示催告程序

第二百二十五条 按照规定可以背书转让的票据持有人，因票据被盗、遗失或者灭失，可以向票据支付地的基层人民法院申请公示催告。依照法律规定可以申请公示催告的其他事项，适用本章规定。

申请人应当向人民法院递交申请书，写明票面金额、发票人、持票人、背书人等票据主要内容和申请的理由、事实。

第二百二十六条 人民法院决定受理申请，应当同时通知支付人停止支付，并在三日内发出公告，催促利害关系人申报权利。公示催告的期间，由人民法院根据情况决定，但不得少于六十日。

第二百二十七条 支付人收到人民法院停止支付的通知，应当停止支付，至公示催告程序终结。

公示催告期间，转让票据权利的行为无效。

第二百二十八条 利害关系人应当在公示催告期间向人民法院申报。

人民法院收到利害关系人的申报后，应当裁定终结公示催告程序，并通知申请人和支付人。

申请人或者申报人可以向人民法院起诉。

第二百二十九条 没有人申报的，人民法院应当根据申请人的申请，作出判决，宣告票据无效。判决应当公告，并通知支付人。自判决公告之日起，申请人有权向支付人请求支付。

第二百三十条 利害关系人因正当理由不能在判决前向人民法院申报的，自知道或者应当知道判决公告之日起一年内，可以向作出判决的人民法院起诉。

第三编 执行程序

第十九章 一般规定

第二百三十一条 发生法律效力的民事判决、裁定，以及刑事判决、裁定中的财产部分，由第一审人民法院或者与第一审人民法院同级的被执行的财产所在地人民法院执行。

法律规定由人民法院执行的其他法律文书，由被执行人住所地或者被执行的财产所在地人民法院执行。

第二百三十二条 当事人、利害关系人认为执行行为违反法律规定的，可以向负责执行的人民法院提出书面异议。当事人、利害关系人提出书面异议的，人民法院应当自收到书面异议之日起十五日内审查，理由成立的，裁定撤销或者改正；理由不成立的，裁定驳回。当事人、利害关系人对裁定不服的，可以自裁定送达之日起十日内向上一级人民法院申请复议。

第二百三十三条 人民法院自收到申请执行书之日起超过六个月未执行的，申请执行人可以向上一级人民法院申请执行。上一级人民法院经审查，可以责令原人民法院在一定期限内执行，也可以决定由本院执行或者指令其他人民法院执行。

第二百三十四条 执行过程中，案外人对执行标的提出书面异议的，人民法院应当自收到书面异议之日起十五日内审查，理由成立的，裁定中止对该标的的执行；理由不成立的，裁定驳回。案外人、当事人对裁定不服，认为原判决、裁定错误的，依照审判监督程序办理；与原判决、裁定无关的，可以自裁定送达之日起十五日内向人民法院提起诉讼。

第二百三十五条 执行工作由执行员进行。

采取强制执行措施时，执行员应当出示证件。执行完毕后，应当将执行情况制作笔录，由在场的有关人员签名或者盖章。

人民法院根据需要可以设立执行机构。

第二百三十六条 被执行人或者被执行的财产在外地的，

可以委托当地人民法院代为执行。受委托人民法院收到委托函件后，必须在十五日内开始执行，不得拒绝。执行完毕后，应当将执行结果及时函复委托人民法院；在三十日内如果还未执行完毕，也应当将执行情况函告委托人民法院。

受委托人民法院自收到委托函件之日起十五日内不执行的，委托人民法院可以请求受委托人民法院的上级人民法院指令受委托人民法院执行。

第二百三十七条 在执行中，双方当事人自行和解达成协议的，执行员应当将协议内容记入笔录，由双方当事人签名或者盖章。

申请执行人因受欺诈、胁迫与被执行人达成和解协议，或者当事人不履行和解协议的，人民法院可以根据当事人的申请，恢复对原生效法律文书的执行。

第二百三十八条 在执行中，被执行人向人民法院提供担保，并经申请执行人同意的，人民法院可以决定暂缓执行及暂缓执行的期限。被执行人逾期仍不履行的，人民法院有权执行被执行人的担保财产或者担保人的财产。

第二百三十九条 作为被执行人的公民死亡的，以其遗产偿还债务。作为被执行人的法人或者其他组织终止的，由其权利义务承受人履行义务。

第二百四十条 执行完毕后，据以执行的判决、裁定和其他法律文书确有错误，被人民法院撤销的，对已被执行的财产，人民法院应当作出裁定，责令取得财产的人返还；拒不返还的，强制执行。

第二百四十一条　人民法院制作的调解书的执行，适用本编的规定。

第二百四十二条　人民检察院有权对民事执行活动实行法律监督。

第二十章　执行的申请和移送

第二百四十三条　发生法律效力的民事判决、裁定，当事人必须履行。一方拒绝履行的，对方当事人可以向人民法院申请执行，也可以由审判员移送执行员执行。

调解书和其他应当由人民法院执行的法律文书，当事人必须履行。一方拒绝履行的，对方当事人可以向人民法院申请执行。

第二百四十四条　对依法设立的仲裁机构的裁决，一方当事人不履行的，对方当事人可以向有管辖权的人民法院申请执行。受申请的人民法院应当执行。

被申请人提出证据证明仲裁裁决有下列情形之一的，经人民法院组成合议庭审查核实，裁定不予执行：

（一）当事人在合同中没有订有仲裁条款或者事后没有达成书面仲裁协议的；

（二）裁决的事项不属于仲裁协议的范围或者仲裁机构无权仲裁的；

（三）仲裁庭的组成或者仲裁的程序违反法定程序的；

（四）裁决所根据的证据是伪造的；

（五）对方当事人向仲裁机构隐瞒了足以影响公正裁决

的证据的；

（六）仲裁员在仲裁该案时有贪污受贿，徇私舞弊，枉法裁决行为的。

人民法院认定执行该裁决违背社会公共利益的，裁定不予执行。

裁定书应当送达双方当事人和仲裁机构。

仲裁裁决被人民法院裁定不予执行的，当事人可以根据双方达成的书面仲裁协议重新申请仲裁，也可以向人民法院起诉。

第二百四十五条 对公证机关依法赋予强制执行效力的债权文书，一方当事人不履行的，对方当事人可以向有管辖权的人民法院申请执行，受申请的人民法院应当执行。

公证债权文书确有错误的，人民法院裁定不予执行，并将裁定书送达双方当事人和公证机关。

第二百四十六条 申请执行的期间为二年。申请执行时效的中止、中断，适用法律有关诉讼时效中止、中断的规定。

前款规定的期间，从法律文书规定履行期间的最后一日起计算；法律文书规定分期履行的，从最后一期履行期限届满之日起计算；法律文书未规定履行期间的，从法律文书生效之日起计算。

第二百四十七条 执行员接到申请执行书或者移交执行书，应当向被执行人发出执行通知，并可以立即采取强制执行措施。

第二十一章　执行措施

第二百四十八条　被执行人未按执行通知履行法律文书确定的义务，应当报告当前以及收到执行通知之日前一年的财产情况。被执行人拒绝报告或者虚假报告的，人民法院可以根据情节轻重对被执行人或者其法定代理人、有关单位的主要负责人或者直接责任人员予以罚款、拘留。

第二百四十九条　被执行人未按执行通知履行法律文书确定的义务，人民法院有权向有关单位查询被执行人的存款、债券、股票、基金份额等财产情况。人民法院有权根据不同情形扣押、冻结、划拨、变价被执行人的财产。人民法院查询、扣押、冻结、划拨、变价的财产不得超出被执行人应当履行义务的范围。

人民法院决定扣押、冻结、划拨、变价财产，应当作出裁定，并发出协助执行通知书，有关单位必须办理。

第二百五十条　被执行人未按执行通知履行法律文书确定的义务，人民法院有权扣留、提取被执行人应当履行义务部分的收入。但应当保留被执行人及其所扶养家属的生活必需费用。

人民法院扣留、提取收入时，应当作出裁定，并发出协助执行通知书，被执行人所在单位、银行、信用合作社和其他有储蓄业务的单位必须办理。

第二百五十一条　被执行人未按执行通知履行法律文书确定的义务，人民法院有权查封、扣押、冻结、拍卖、变卖被执行人应当履行义务部分的财产。但应当保留被执行人及其所扶养家属的生活必需品。

采取前款措施，人民法院应当作出裁定。

第二百五十二条 人民法院查封、扣押财产时，被执行人是公民的，应当通知被执行人或者他的成年家属到场；被执行人是法人或者其他组织的，应当通知其法定代表人或者主要负责人到场。拒不到场的，不影响执行。被执行人是公民的，其工作单位或者财产所在地的基层组织应当派人参加。

对被查封、扣押的财产，执行员必须造具清单，由在场人签名或者盖章后，交被执行人一份。被执行人是公民的，也可以交他的成年家属一份。

第二百五十三条 被查封的财产，执行员可以指定被执行人负责保管。因被执行人的过错造成的损失，由被执行人承担。

第二百五十四条 财产被查封、扣押后，执行员应当责令被执行人在指定期间履行法律文书确定的义务。被执行人逾期不履行的，人民法院应当拍卖被查封、扣押的财产；不适于拍卖或者当事人双方同意不进行拍卖的，人民法院可以委托有关单位变卖或者自行变卖。国家禁止自由买卖的物品，交有关单位按照国家规定的价格收购。

第二百五十五条 被执行人不履行法律文书确定的义务，并隐匿财产的，人民法院有权发出搜查令，对被执行人及其住所或者财产隐匿地进行搜查。

采取前款措施，由院长签发搜查令。

第二百五十六条 法律文书指定交付的财物或者票证，由执行员传唤双方当事人当面交付，或者由执行员转交，并由被交付人签收。

有关单位持有该项财物或者票证的，应当根据人民法院的协助执行通知书转交，并由被交付人签收。

有关公民持有该项财物或者票证的，人民法院通知其交出。拒不交出的，强制执行。

第二百五十七条 强制迁出房屋或者强制退出土地，由院长签发公告，责令被执行人在指定期间履行。被执行人逾期不履行的，由执行员强制执行。

强制执行时，被执行人是公民的，应当通知被执行人或者他的成年家属到场；被执行人是法人或者其他组织的，应当通知其法定代表人或者主要负责人到场。拒不到场的，不影响执行。被执行人是公民的，其工作单位或者房屋、土地所在地的基层组织应当派人参加。执行员应当将强制执行情况记入笔录，由在场人签名或者盖章。

强制迁出房屋被搬出的财物，由人民法院派人运至指定处所，交给被执行人。被执行人是公民的，也可以交给他的成年家属。因拒绝接收而造成的损失，由被执行人承担。

第二百五十八条 在执行中，需要办理有关财产权证照转移手续的，人民法院可以向有关单位发出协助执行通知书，有关单位必须办理。

第二百五十九条 对判决、裁定和其他法律文书指定的行为，被执行人未按执行通知履行的，人民法院可以强制执行或者委托有关单位或者其他人完成，费用由被执行人承担。

第二百六十条 被执行人未按判决、裁定和其他法律文书指定的期间履行给付金钱义务的，应当加倍支付迟延履行期间的债务利息。被执行人未按判决、裁定和其他法律文书指定的期间履行其他义务的，应当支付迟延履行金。

第二百六十一条 人民法院采取本法第二百四十九条、第二百五十条、第二百五十一条规定的执行措施后，被执行人仍不能偿还债务的，应当继续履行义务。债权人发现被执行人有其他财产的，可以随时请求人民法院执行。

第二百六十二条 被执行人不履行法律文书确定的义务的，人民法院可以对其采取或者通知有关单位协助采取限制出境，在征信系统记录、通过媒体公布不履行义务信息以及法律规定的其他措施。

第二十二章 执行中止和终结

第二百六十三条 有下列情形之一的，人民法院应当裁定中止执行：

（一）申请人表示可以延期执行的；

（二）案外人对执行标的提出确有理由的异议的；

（三）作为一方当事人的公民死亡，需要等待继承人继承权利或者承担义务的；

（四）作为一方当事人的法人或者其他组织终止，尚未确定权利义务承受人的；

（五）人民法院认为应当中止执行的其他情形。

中止的情形消失后，恢复执行。

第二百六十四条 有下列情形之一的，人民法院裁定终结执行：

（一）申请人撤销申请的；

（二）据以执行的法律文书被撤销的；

（三）作为被执行人的公民死亡，无遗产可供执行，又无义务承担人的；

（四）追索赡养费、扶养费、抚养费案件的权利人死亡的；

（五）作为被执行人的公民因生活困难无力偿还借款，无收入来源，又丧失劳动能力的；

（六）人民法院认为应当终结执行的其他情形。

第二百六十五条 中止和终结执行的裁定，送达当事人后立即生效。

第四编 涉外民事诉讼程序的特别规定

第二十三章 一般原则

第二百六十六条 在中华人民共和国领域内进行涉外民事诉讼，适用本编规定。本编没有规定的，适用本法其他有关规定。

第二百六十七条 中华人民共和国缔结或者参加的国际条约同本法有不同规定的，适用该国际条约的规定，但中华人民共和国声明保留的条款除外。

第二百六十八条 对享有外交特权与豁免的外国人、外国组织或者国际组织提起的民事诉讼，应当依照中华人民共和国有关法律和中华人民共和国缔结或者参加的国际条约的规定办理。

第二百六十九条 人民法院审理涉外民事案件，应当使用中华人民共和国通用的语言、文字。当事人要求提供翻译的，可以提供，费用由当事人承担。

第二百七十条 外国人、无国籍人、外国企业和组织在人民法院起诉、应诉，需要委托律师代理诉讼的，必须委托中华人民共和国的律师。

第二百七十一条 在中华人民共和国领域内没有住所的外国人、无国籍人、外国企业和组织委托中华人民共和国律师或者其他人代理诉讼，从中华人民共和国领域外寄交或者托交的授权委托书，应当经所在国公证机关证明，并经中华人民共和国驻该国使领馆认证，或者履行中华人民共和国与该所在国订立的有关条约中规定的证明手续后，才具有效力。

第二十四章 管 辖

第二百七十二条 因合同纠纷或者其他财产权益纠纷，对在中华人民共和国领域内没有住所的被告提起的诉讼，如果合同在中华人民共和国领域内签订或者履行，或者诉讼标的物在中华人民共和国领域内，或者被告在中华人民共和国领域内有可供扣押的财产，或者被告在中华人民共和国领域内设有代表机构，可以由合同签订地、合同履行地、诉讼标的物所在地、可供扣押财产所在地、侵权行为地或者代表机构住所地人民法院管辖。

第二百七十三条 因在中华人民共和国履行中外合资经营企业合同、中外合作经营企业合同、中外合作勘探开发自然资源合同发生纠纷提起的诉讼，由中华人民共和国人民法院管辖。

第二十五章 送达、期间

第二百七十四条 人民法院对在中华人民共和国领域内没有住所的当事人送达诉讼文书，可以采用下列方式：

（一）依照受送达人所在国与中华人民共和国缔结或者共同参加的国际条约中规定的方式送达；

（二）通过外交途径送达；

（三）对具有中华人民共和国国籍的受送达人，可以委托中华人民共和国驻受送达人所在国的使领馆代为送达；

（四）向受送达人委托的有权代其接受送达的诉讼代理人送达；

（五）向受送达人在中华人民共和国领域内设立的代表机构或者有权接受送达的分支机构、业务代办人送达；

（六）受送达人所在国的法律允许邮寄送达的，可以邮寄送达，自邮寄之日起满三个月，送达回证没有退回，但根据各种情况足以认定已经送达的，期间届满之日视为送达；

（七）采用传真、电子邮件等能够确认受送达人收悉的方式送达；

（八）不能用上述方式送达的，公告送达，自公告之日起满三个月，即视为送达。

第二百七十五条 被告在中华人民共和国领域内没有住所的，人民法院应当将起诉状副本送达被告，并通知被告在收到起诉状副本后三十日内提出答辩状。被告申请延期的，是否准许，由人民法院决定。

第二百七十六条 在中华人民共和国领域内没有住所的当事人，不服第一审人民法院判决、裁定的，有权在判决书、裁定书送达之日起三十日内提起上诉。被上诉人在收到上诉状副本后，应当在三十日内提出答辩状。当事人不能在法定期间提起上诉或者提出答辩状，申请延期的，是否准许，由人民法院决定。

第二百七十七条 人民法院审理涉外民事案件的期间，不受本法第一百五十二条、第一百八十三条规定的限制。

第二十六章 仲　　裁

第二百七十八条 涉外经济贸易、运输和海事中发生的纠纷，当事人在合同中订有仲裁条款或者事后达成书面仲裁协议，提交中华人民共和国涉外仲裁机构或者其他仲裁机构仲裁的，当事人不得向人民法院起诉。

当事人在合同中没有订有仲裁条款或者事后没有达成书面仲裁协议的，可以向人民法院起诉。

第二百七十九条 当事人申请采取保全的，中华人民共和国的涉外仲裁机构应当将当事人的申请，提交被申请人住所地或者财产所在地的中级人民法院裁定。

第二百八十条 经中华人民共和国涉外仲裁机构裁决的，当事人不得向人民法院起诉。一方当事人不履行仲裁裁决的，对方当事人可以向被申请人住所地或者财产所在地的中级人民法院申请执行。

第二百八十一条 对中华人民共和国涉外仲裁机构作出的裁决，被申请人提出证据证明仲裁裁决有下列情形之一的，经人民法院组成合议庭审查核实，裁定不予执行：

（一）当事人在合同中没有订有仲裁条款或者事后没有达成书面仲裁协议的；

（二）被申请人没有得到指定仲裁员或者进行仲裁程序的通知，或者由于其他不属于被申请人负责的原因未能陈述意见的；

（三）仲裁庭的组成或者仲裁的程序与仲裁规则不符的；

（四）裁决的事项不属于仲裁协议的范围或者仲裁机构无权仲裁的。

人民法院认定执行该裁决违背社会公共利益的，裁定不予执行。

第二百八十二条 仲裁裁决被人民法院裁定不予执行的，当事人可以根据双方达成的书面仲裁协议重新申请仲裁，也可以向人民法院起诉。

第二十七章 司法协助

第二百八十三条 根据中华人民共和国缔结或者参加的国际条约，或者按照互惠原则，人民法院和外国法院可以相互请求，代为送达文书、调查取证以及进行其他诉讼行为。

外国法院请求协助的事项有损于中华人民共和国的主权、安全或者社会公共利益的，人民法院不予执行。

第二百八十四条 请求和提供司法协助，应当依照中华人民共和国缔结或者参加的国际条约所规定的途径进行；没有条约关系的，通过外交途径进行。

外国驻中华人民共和国的使领馆可以向该国公民送达文书和调查取证，但不得违反中华人民共和国的法律，并不得采取强制措施。

除前款规定的情况外，未经中华人民共和国主管机关准许，任何外国机关或者个人不得在中华人民共和国领域内送达文书、调查取证。

第二百八十五条 外国法院请求人民法院提供司法协助的请求书及其所附文件，应当附有中文译本或者国际条约规定的其他文字文本。

人民法院请求外国法院提供司法协助的请求书及其所附文件，应当附有该国文字译本或者国际条约规定的其他文字文本。

第二百八十六条 人民法院提供司法协助，依照中华人民共和国法律规定的程序进行。外国法院请求采用特殊方式的，也可以按照其请求的特殊方式进行，但请求采用的特殊方式不得违反中华人民共和国法律。

第二百八十七条 人民法院作出的发生法律效力的判决、裁定，如果被执行人或者其财产不在中华人民共和国领域内，当事人请求执行的，可以由当事人直接向有管辖权的外国法院申请承认和执行，也可以由人民法院依照中华人民共和国缔结或者参加的国际条约的规定，或者按照互惠原则，请求外国法院承认和执行。

中华人民共和国涉外仲裁机构作出的发生法律效力的仲裁裁决，当事人请求执行的，如果被执行人或者其财产不在中华人民共和国领域内，应当由当事人直接向有管辖权的外国法院申请承认和执行。

第二百八十八条 外国法院作出的发生法律效力的判决、裁定，需要中华人民共和国人民法院承认和执行的，可以由当事人直接向中华人民共和国有管辖权的中级人民法院申请承认和执行，也可以由外国法院依照该国与中华人民共和国缔结或者参加的国际条约的规定，或者按照互惠原则，请求人民法院承认和执行。

第二百八十九条 人民法院对申请或者请求承认和执行的外国法院作出的发生法律效力的判决、裁定，依照中华人民共和国缔结或者参加的国际条约，或者按照互惠原则进行审查后，认为不违反中华人民共和国法律的基本原则或者国家主权、安全、社会公共利益的，裁定承认其效力，需要执行的，发出执行令，依照本法的有关规定执行。违反中华人民共和国法律的基本原则或者国家主权、安全、社会公共利益的，不予承认和执行。

第二百九十条 国外仲裁机构的裁决，需要中华人民共和国人民法院承认和执行的，应当由当事人直接向被执行人住所地或者其财产所在地的中级人民法院申请，人民法院应当依照中华人民共和国缔结或者参加的国际条约，或者按照互惠原则办理。

第二百九十一条 本法自公布之日起施行，《中华人民共和国民事诉讼法（试行）》同时废止。

最高人民法院关于认真学习贯彻《全国人民代表大会常务委员会关于修改〈中华人民共和国民事诉讼法〉的决定》的通知

（2021年12月28日 法〔2021〕341号）

各省、自治区、直辖市高级人民法院，解放军军事法院，新疆维吾尔自治区高级人民法院生产建设兵团分院：

2021年12月24日，第十三届全国人民代表大会常务委员会第三十二次会议审议通过《关于修改〈中华人民共和国民事诉讼法〉的决定》（以下简称民事诉讼法修改决定），修改后的民事诉讼法将于2022年1月1日起施行。为了认真做好修改后的民事诉讼法的贯彻落实和学习宣传工作，现就相关问题通知如下。

一、深刻认识贯彻实施民事诉讼法修改决定的重大意义

民事诉讼法是规范民事诉讼程序的基本规则，是人民法院审理和执行民事案件在程序方面的基本法律依据。此次民事诉讼法修改，是深入贯彻落实习近平法治思想，适应经济社会发展变化，回应人民群众新时代司法需求的重大举措，重点围绕优化司法确认程序、完善简易程序及小额诉讼程序、扩大独任制适用范围、完善在线诉讼及送达规则等方面作出调整，进一步优化了相关程序规则，促进了司法资源合理配置，强化了信息技术应用支撑，有效建立了“繁简分流、轻重分离、快慢分道”的民事诉讼程序体系。此次修法工作，集中体现了民事诉讼程序繁简分流改革试点工作的制度成果，对促进社会公平正义，保障群众合法权益，维护社会和谐稳定，服务新发展格局将发挥重要作用；对推进全面依法治国，健全完善中国特色社会主义法治体系，促进社会治理体系和治理能力现代化，具有重大而深远的意义。

各级人民法院要切实提升政治站位，充分认识此次民事诉讼法修改的重要意义，认真学习和贯彻落实民事诉讼法修改决定的要求，进一步提升民事审判工作的质量、效率和水平，努力开创民事审判工作新局面。

二、准确把握民事诉讼法修改决定的精神和内容

各级人民法院要正确理解此次民事诉讼法修改的价值取向，始终坚持以维护司法公正为根本要求，做到既提升审判效率，又确保案件质量，在更高层次上实现公正与效率的有机统一。要始终坚持以人民为中心发展思想，积极通过优化司法资源配置，完善程序规则，优化审理机制，加强技术运用，有效满足人民群众公正、高效、便捷解纷的多元司法需求，全面提升人民群众司法获得感。要始终坚持将民事审判工作融入党和国家工作大局，积极促进诉源治理，强化对多元解纷方式的司法保障，推动构建繁简分流、衔接有序、梯次递进的社会治理体系，充分发挥人民法院在社会治理中的功能作用。

各级人民法院要准确把握民事诉讼法修改决定的内容要求，确保各项程序规则在司法实践中正确适用。严格依法受理和审查司法确认申请，坚持按照合法自愿原则开展诉前调解，健全特邀调解制度机制，提升诉前调解质量，切实防止虚假调解和不当确认。依法有序适用小额诉讼程序，优化审理方式，提升审理效率，保证案件质量，强化法官释明告知义务，加强当事人诉讼权益保障，充分尊重当事人程序适用选择权和异议权。正确理解独任制扩大适用的立法意图，根据案件情形和当事人选择，科学精准适用审判组织形式，避免不当扩大独任制适用范围。对“四类案件”均应当适用合议制审理。第二审案件审理应当坚持以合议制为主、独任制为辅，严格把握第二审独任制适用范围和条件，完善审判组织转换机制，强化审判监督管理，确保独任制案件质量。积极有序推广适用在线诉讼模式，尊重和保障当事人对案件审理方式的选择权，严格依照《人民法院在线诉讼规则》开展规则创新、机制创新和技术创新，切实发挥在线诉讼高效、便捷、低成本解纷的功能作用。

三、做好贯彻实施民事诉讼法修改决定的准备工作

各级人民法院要根据民事诉讼法修改决定的具体内容，加强工作部署、科学统筹安排，做好各项准备工作。最高人民法院将加快修改完善民事诉讼法司法解释及相关司法解释，细化完善具体程序规范，强化规则指引。各级人民法院要结合修法内容，科学研判对民事审判工作带来的影响变化，重点围绕案件繁简识别、诉调对接、审判监督管理、司法资源配置、诉讼平台建设等方面，积极完善工作流程机制，加强基础设施建设，优化平台系统，强化技术保障。尤其是前期未纳入民事诉讼程序繁简分流改革试点工作的地区，要充分借鉴试点法院在资源调配、质效监管、配套保障等方面的典型做法和有益经验，健全完善案件繁简分流制度机制，确保民事审判工作在修法前后有序衔接、平稳过渡。

四、做好民事诉讼法修改决定的学习、培训和宣传工作

各级人民法院要把学习民事诉讼法修改决定，作为当前和今后一段时期的一项重点工作，结合疫情防控要求，创新学习培训形式，充分借助智慧法院建设成果，积极开展远程视频授课、在线学习培训等活动。各高级人民法院要利用多种形式，组织对辖区内民事审判人员开展轮训；各中级、基层和专门人民法院要组织民事审判工作人员集中学习、专题研讨，逐条领会条文要求，准确把握立法精神，结合审判具体实践，正确理解条文内容，学深学透、融会贯通。

各级人民法院要加大民事诉讼法新修改内容的宣传力度，积极通过庭审公开、文书说理、发布案例、新闻报道等方式，向社会公众阐明民事诉讼法修改决定的立法精神和条文宗旨，引导社会各方和人民群众正确理解有关民事诉讼规则，树立正确的诉讼观念。

五、做好修改后的民事诉讼法施行后民事案件审理的衔接工作

各级人民法院要做好修改后的民事诉讼法施行后民事案件审理的衔接工作。2022年1月1日之后人民法院受理的民事案件，适用修改后的民事诉讼法。2022年1月1日之前人民法院未审结的案件，尚未进行的诉讼行为适用修改后的民事诉讼法；依照修改前的民事诉讼法或者最高人民法院《民事诉讼程序繁简分流改革试点实施办法》的有关规定，已经完成的诉讼行为，仍然有效。中级人民法院、专门人民法院对2022年1月1日之后受理的第二审民事案件，可以依照修改后的民事诉讼法的有关规定适用独任制审理。

根据《全国人民代表大会常务委员会关于授权最高人民法院在部分地区开展民事诉讼程序繁简分流改革试点工作的决定》，因民事诉讼法已经修改并即将施行，试点工作于2021年12月31日正式结束。

对于贯彻实施民事诉讼法修改决定过程中遇到的问题和情况，要及时层报最高人民法院。最高人民法院将适时对各高级人民法院贯彻落实民事诉讼法修改决定情况进行专项督查，及时指导各地民事审判工作，确保民事诉讼法正确实施。

人民法院在线诉讼规则

（2021 年 5 月 18 日　法释〔2021〕12 号）

为推进和规范在线诉讼活动，完善在线诉讼规则，依法保障当事人及其他诉讼参与人等诉讼主体的合法权利，确保公正高效审理案件，根据《中华人民共和国刑事诉讼法》《中华人民共和国民事诉讼法》《中华人民共和国行政诉讼法》等相关法律规定，结合人民法院工作实际，制定本规则。

第一条　人民法院、当事人及其他诉讼参与人等可以依托电子诉讼平台（以下简称“诉讼平台”），通过互联网或者专用网络在线完成立案、调解、证据交换、询问、庭审、送达等全部或者部分诉讼环节。

在线诉讼活动与线下诉讼活动具有同等法律效力。

第二条　人民法院开展在线诉讼应当遵循以下原则：

（一）公正高效原则。严格依法开展在线诉讼活动，完善审判流程，健全工作机制，加强技术保障，提高司法效率，保障司法公正。

（二）合法自愿原则。尊重和保障当事人及其他诉讼参与人对诉讼方式的选择权，未经当事人及其他诉讼参与人同意，人民法院不得强制或者变相强制适用在线诉讼。

（三）权利保障原则。充分保障当事人各项诉讼权利，强化提示、说明、告知义务，不得随意减少诉讼环节和减损当事人诉讼权益。

（四）便民利民原则。优化在线诉讼服务，完善诉讼平台功能，加强信息技术应用，降低当事人诉讼成本，提升纠纷解决效率。统筹兼顾不同群体司法需求，对未成年人、老年人、残障人士等特殊群体加强诉讼引导，提供相应司法便利。

（五）安全可靠原则。依法维护国家安全，保护国家秘密、商业秘密、个人隐私和个人信息，有效保障在线诉讼数据信息安全。规范技术应用，确保技术中立和平台中立。

第三条 人民法院综合考虑案件情况、当事人意愿和技术条件等因素，可以对以下案件适用在线诉讼：

（一）民事、行政诉讼案件；

（二）刑事速裁程序案件，减刑、假释案件，以及因其他特殊原因不宜线下审理的刑事案件；

（三）民事特别程序、督促程序、破产程序和非诉执行审查案件；

（四）民事、行政执行案件和刑事附带民事诉讼执行案件；

（五）其他适宜采取在线方式审理的案件。

第四条 人民法院开展在线诉讼，应当征得当事人同意，并告知适用在线诉讼的具体环节、主要形式、权利义务、法律后果和操作方法等。

人民法院应当根据当事人对在线诉讼的相应意思表示，

作出以下处理：

（一）当事人主动选择适用在线诉讼的，人民法院可以不再另行征得其同意，相应诉讼环节可以直接在线进行；

（二）各方当事人均同意适用在线诉讼的，相应诉讼环节可以在线进行；

（三）部分当事人同意适用在线诉讼，部分当事人不同意的，相应诉讼环节可以采取同意方当事人线上、不同意方当事人线下的方式进行；

（四）当事人仅主动选择或者同意对部分诉讼环节适用在线诉讼的，人民法院不得推定其对其他诉讼环节均同意适用在线诉讼。

对人民检察院参与的案件适用在线诉讼的，应当征得人民检察院同意。

第五条 在诉讼过程中，如存在当事人欠缺在线诉讼能力、不具备在线诉讼条件或者相应诉讼环节不宜在线办理等情形之一的，人民法院应当将相应诉讼环节转为线下进行。

当事人已同意对相应诉讼环节适用在线诉讼，但诉讼过程中又反悔的，应当在开展相应诉讼活动前的合理期限内提出。经审查，人民法院认为不存在故意拖延诉讼等不当情形的，相应诉讼环节可以转为线下进行。

在调解、证据交换、询问、听证、庭审等诉讼环节中，一方当事人要求其他当事人及诉讼参与人在线下参与诉讼的，应当提出具体理由。经审查，人民法院认为案件存在案情疑难复杂、需证人现场作证、有必要线下举证质证、陈述辩论等情形之一的，相应诉讼环节可以转为线下进行。

第六条 当事人已同意适用在线诉讼，但无正当理由不参与在线诉讼活动或者不作出相应诉讼行为，也未在合理期限内申请提出转为线下进行的，应当依照法律和司法解释的相关规定承担相应法律后果。

第七条 参与在线诉讼的诉讼主体应当先行在诉讼平台完成实名注册。人民法院应当通过证件证照在线比对、身份认证平台认证等方式，核实诉讼主体的实名手机号码、居民身份证件号码、护照号码、统一社会信用代码等信息，确认诉讼主体身份真实性。诉讼主体在线完成身份认证后，取得登录诉讼平台的专用账号。

参与在线诉讼的诉讼主体应当妥善保管诉讼平台专用账号和密码。除有证据证明存在账号被盗用或者系统错误的情形外，使用专用账号登录诉讼平台所作出的行为，视为被认证人本人行为。

人民法院在线开展调解、证据交换、庭审等诉讼活动，应当再次验证诉讼主体的身份；确有必要的，应当在线下进一步核实身份。

第八条 人民法院、特邀调解组织、特邀调解员可以通过诉讼平台、人民法院调解平台等开展在线调解活动。在线调解应当按照法律和司法解释相关规定进行，依法保护国家秘密、商业秘密、个人隐私和其他不宜公开的信息。

第九条 当事人采取在线方式提交起诉材料的，人民法院应当在收到材料后的法定期限内，在线作出以下处理：

（一）符合起诉条件的，登记立案并送达案件受理通知书、交纳诉讼费用通知书、举证通知书等诉讼文书；

（二）提交材料不符合要求的，及时通知其补正，并一次性告知补正内容和期限，案件受理时间自收到补正材料后次日重新起算；

（三）不符合起诉条件或者起诉材料经补正仍不符合要求，原告坚持起诉的，依法裁定不予受理或者不予立案；

当事人已在线提交符合要求的起诉状等材料的，人民法院不得要求当事人再提供纸质件。

上诉、申请再审、特别程序、执行等案件的在线受理规则，参照本条第一款、第二款规定办理。

第十条 案件适用在线诉讼的，人民法院应当通知被告、被上诉人或者其他诉讼参与人，询问其是否同意以在线方式参与诉讼。被通知人同意采用在线方式的，应当在收到通知的三日内通过诉讼平台验证身份、关联案件，并在后续诉讼活动中通过诉讼平台了解案件信息、接收和提交诉讼材料，以及实施其他诉讼行为。

被通知人未明确表示同意采用在线方式，且未在人民法院指定期限内注册登录诉讼平台的，针对被通知人的相关诉讼活动在线下进行。

第十一条 当事人可以在诉讼平台直接填写录入起诉状、答辩状、反诉状、代理意见等诉讼文书材料。

当事人可以通过扫描、翻拍、转录等方式，将线下的诉讼文书材料或者证据材料作电子化处理后上传至诉讼平台。

诉讼材料为电子数据，且诉讼平台与存储该电子数据的平台已实现对接的，当事人可以将电子数据直接提交至诉讼平台。

当事人提交电子化材料确有困难的，人民法院可以辅助当事人将线下材料作电子化处理后导入诉讼平台。

第十二条 当事人提交的电子化材料，经人民法院审核通过后，可以直接在诉讼中使用。诉讼中存在下列情形之一的，人民法院应当要求当事人提供原件、原物：

（一）对方当事人认为电子化材料与原件、原物不一致，并提出合理理由和依据的；

（二）电子化材料呈现不完整、内容不清晰、格式不规范的；

（三）人民法院卷宗、档案管理相关规定要求提供原件、原物的；

（四）人民法院认为有必要提交原件、原物的。

第十三条 当事人提交的电子化材料，符合下列情形之一的，人民法院可以认定符合原件、原物形式要求：

（一）对方当事人对电子化材料与原件、原物的一致性未提出异议的；

（二）电子化材料形成过程已经过公证机构公证的；

（三）电子化材料已在之前诉讼中提交并经人民法院确认的；

（四）电子化材料已通过在线或者线下方式与原件、原物比对一致的；

（五）有其他证据证明电子化材料与原件、原物一致的。

第十四条 人民法院根据当事人选择和案件情况，可以组织当事人开展在线证据交换，通过同步或者非同步方式在线举证、质证。

各方当事人选择同步在线交换证据的，应当在人民法院指定的时间登录诉讼平台，通过在线视频或者其他方式，对已经导入诉讼平台的证据材料或者线下送达的证据材料副本，集中发表质证意见。

各方当事人选择非同步在线交换证据的，应当在人民法院确定的合理期限内，分别登录诉讼平台，查看已经导入诉讼平台的证据材料，并发表质证意见。

各方当事人均同意在线证据交换，但对具体方式无法达成一致意见的，适用同步在线证据交换。

第十五条 当事人作为证据提交的电子化材料和电子数据，人民法院应当按照法律和司法解释的相关规定，经当事人举证质证后，依法认定其真实性、合法性和关联性。未经人民法院查证属实的证据，不得作为认定案件事实的根据。

第十六条 当事人作为证据提交的电子数据系通过区块链技术存储，并经技术核验一致的，人民法院可以认定该电子数据上链后未经篡改，但有相反证据足以推翻的除外。

第十七条 当事人对区块链技术存储的电子数据上链后的真实性提出异议，并有合理理由的，人民法院应当结合下列因素作出判断：

（一）存证平台是否符合国家有关部门关于提供区块链存证服务的相关规定；

（二）当事人与存证平台是否存在利害关系，并利用技术手段不当干预取证、存证过程；

（三）存证平台的信息系统是否符合清洁性、安全性、可靠性、可用性的国家标准或者行业标准；

（四）存证技术和过程是否符合相关国家标准或者行业标准中关于系统环境、技术安全、加密方式、数据传输、信息验证等方面的要求。

第十八条 当事人提出电子数据上链存储前已不具备真实性，并提供证据证明或者说明理由的，人民法院应当予以审查。

人民法院根据案件情况，可以要求提交区块链技术存储电子数据的一方当事人，提供证据证明上链存储前数据的真实性，并结合上链存储前数据的具体来源、生成机制、存储过程、公证机构公证、第三方见证、关联印证数据等情况作出综合判断。当事人不能提供证据证明或者作出合理说明，该电子数据也无法与其他证据相互印证的，人民法院不予确认其真实性。

第十九条 当事人可以申请具有专门知识的人就区块链技术存储电子数据相关技术问题提出意见。人民法院可以根据当事人申请或者依职权，委托鉴定区块链技术存储电子数据的真实性，或者调取其他相关证据进行核对。

第二十条 经各方当事人同意，人民法院可以指定当事人在一定期限内，分别登录诉讼平台，以非同步的方式开展调解、证据交换、调查询问、庭审等诉讼活动。

适用小额诉讼程序或者民事、行政简易程序审理的案件，同时符合下列情形的，人民法院和当事人可以在指定期限内，按照庭审程序环节分别录制参与庭审视频并上传至诉讼平台，非同步完成庭审活动：

（一）各方当事人同时在线参与庭审确有困难；

（二）一方当事人提出书面申请，各方当事人均表示同意；

（三）案件经过在线证据交换或者调查询问，各方当事人对案件主要事实和证据不存在争议。

第二十一条 人民法院开庭审理的案件，应当根据当事人意愿、案件情况、社会影响、技术条件等因素，决定是否采取视频方式在线庭审，但具有下列情形之一的，不得适用在线庭审：

（一）各方当事人均明确表示不同意，或者一方当事人表示不同意且有正当理由的；

（二）各方当事人均不具备参与在线庭审的技术条件和能力的；

（三）需要通过庭审现场查明身份、核对原件、查验实物的；

（四）案件疑难复杂、证据繁多，适用在线庭审不利于查明事实和适用法律的；

（五）案件涉及国家安全、国家秘密的；

（六）案件具有重大社会影响，受到广泛关注的；

（七）人民法院认为存在其他不宜适用在线庭审情形的。

采取在线庭审方式审理的案件，审理过程中发现存在上述情形之一的，人民法院应当及时转为线下庭审。已完成的在线庭审活动具有法律效力。

在线询问的适用范围和条件参照在线庭审的相关规则。

第二十二条 适用在线庭审的案件，应当按照法律和司法解释的相关规定开展庭前准备、法庭调查、法庭辩论等庭审活动，保障当事人申请回避、举证、质证、陈述、辩论等诉讼权利。

第二十三条 需要公告送达的案件，人民法院可以在公告中明确线上或者线下参与庭审的具体方式，告知当事人选择在线庭审的权利。被公告方当事人未在开庭前向人民法院表示同意在线庭审的，被公告方当事人适用线下庭审。其他同意适用在线庭审的当事人，可以在线参与庭审。

第二十四条 在线开展庭审活动，人民法院应当设置环境要素齐全的在线法庭。在线法庭应当保持国徽在显著位置，审判人员及席位名称等在视频画面合理区域。因存在特殊情形，确需在在线法庭之外的其他场所组织在线庭审的，应当报请本院院长同意。

出庭人员参加在线庭审，应当选择安静、无干扰、光线适宜、网络信号良好、相对封闭的场所，不得在可能影响庭审音频视频效果或者有损庭审严肃性的场所参加庭审。必要时，人民法院可以要求出庭人员到指定场所参加在线庭审。

第二十五条 出庭人员参加在线庭审应当尊重司法礼仪，遵守法庭纪律。人民法院根据在线庭审的特点，适用《中华人民共和国人民法院法庭规则》相关规定。

除确属网络故障、设备损坏、电力中断或者不可抗力等原因外，当事人无正当理由不参加在线庭审，视为“拒不到庭”；在庭审中擅自退出，经提示、警告后仍不改正的，视为“中途退庭”，分别按照相关法律和司法解释的规定处理。

第二十六条　证人通过在线方式出庭的，人民法院应当通过指定在线出庭场所、设置在线作证室等方式，保证其不旁听案件审理和不受他人干扰。当事人对证人在线出庭提出异议且有合理理由的，或者人民法院认为确有必要的，应当要求证人线下出庭作证。

鉴定人、勘验人、具有专门知识的人在线出庭的，参照前款规定执行。

第二十七条　适用在线庭审的案件，应当按照法律和司法解释的相关规定公开庭审活动。

对涉及国家安全、国家秘密、个人隐私的案件，庭审过程不得在互联网上公开。对涉及未成年人、商业秘密、离婚等民事案件，当事人申请不公开审理的，在线庭审过程可以不在互联网上公开。

未经人民法院同意，任何人不得违法违规录制、截取、传播涉及在线庭审过程的音频视频、图文资料。

第二十八条　在线诉讼参与人故意违反本规则第八条、第二十四条、第二十五条、第二十六条、第二十七条的规定，实施妨害在线诉讼秩序行为的，人民法院可以根据法律和司法解释关于妨害诉讼的相关规定作出处理。

第二十九条 经受送达人同意，人民法院可以通过送达平台，向受送达人的电子邮箱、即时通讯账号、诉讼平台专用账号等电子地址，按照法律和司法解释的相关规定送达诉讼文书和证据材料。

具备下列情形之一的，人民法院可以确定受送达人同意电子送达：

（一）受送达人明确表示同意的；

（二）受送达人在诉讼前对适用电子送达已作出约定或者承诺的；

（三）受送达人在提交的起诉状、上诉状、申请书、答辩状中主动提供用于接收送达的电子地址的；

（四）受送达人通过回复收悉、参加诉讼等方式接受已经完成的电子送达，并且未明确表示不同意电子送达的。

第三十条 人民法院可以通过电话确认、诉讼平台在线确认、线下发送电子送达确认书等方式，确认受送达人是否同意电子送达，以及受送达人接收电子送达的具体方式和地址，并告知电子送达的适用范围、效力、送达地址变更方式以及其他需告知的送达事项。

第三十一条 人民法院向受送达人主动提供或者确认的电子地址送达的，送达信息到达电子地址所在系统时，即为送达。

受送达人未提供或者未确认有效电子送达地址，人民法院向能够确认为受送达人本人的电子地址送达的，根据下列情形确定送达是否生效：

（一）受送达人回复已收悉，或者根据送达内容已作出相应诉讼行为的，即为完成有效送达；

（二）受送达人的电子地址所在系统反馈受送达人已阅知，或者有其他证据可以证明受送达人已经收悉的，推定完成有效送达，但受送达人能够证明存在系统错误、送达地址非本人使用或者非本人阅知等未收悉送达内容的情形除外。

人民法院开展电子送达，应当在系统中全程留痕，并制作电子送达凭证。电子送达凭证具有送达回证效力。

对同一内容的送达材料采取多种电子方式发送受送达人的，以最先完成的有效送达时间作为送达生效时间。

第三十二条 人民法院适用电子送达，可以同步通过短信、即时通讯工具、诉讼平台提示等方式，通知受送达人查阅、接收、下载相关送达材料。

第三十三条 适用在线诉讼的案件，各方诉讼主体可以通过在线确认、电子签章等方式，确认和签收调解协议、笔录、电子送达凭证及其他诉讼材料。

第三十四条 适用在线诉讼的案件，人民法院应当在调解、证据交换、庭审、合议等诉讼环节同步形成电子笔录。电子笔录以在线方式核对确认后，与书面笔录具有同等法律效力。

第三十五条 适用在线诉讼的案件，人民法院应当利用技术手段随案同步生成电子卷宗，形成电子档案。电子档案的立卷、归档、存储、利用等，按照档案管理相关法律法规的规定执行。

案件无纸质材料或者纸质材料已经全部转化为电子材料的，第一审人民法院可以采用电子卷宗代替纸质卷宗进行上诉移送。

适用在线诉讼的案件存在纸质卷宗材料的，应当按照档案管理相关法律法规立卷、归档和保存。

第三十六条 执行裁决案件的在线立案、电子材料提交、执行和解、询问当事人、电子送达等环节，适用本规则的相关规定办理。

人民法院可以通过财产查控系统、网络询价评估平台、网络拍卖平台、信用惩戒系统等，在线完成财产查明、查封、扣押、冻结、划扣、变价和惩戒等执行实施环节。

第三十七条 符合本规定第三条第二项规定的刑事案件，经公诉人、当事人、辩护人同意，可以根据案件情况，采取在线方式讯问被告人、开庭审理、宣判等。

案件采取在线方式审理的，按照以下情形分别处理：

（一）被告人、罪犯被羁押的，可以在看守所、监狱等羁押场所在线出庭；

（二）被告人、罪犯未被羁押的，因特殊原因确实无法到庭的，可以在人民法院指定的场所在线出庭；

（三）证人、鉴定人一般应当在线下出庭，但法律和司法解释另有规定的除外。

第三十八条 参与在线诉讼的相关主体应当遵守数据安全和个人信息保护的相关法律法规，履行数据安全和个人信息保护义务。除人民法院依法公开的以外，任何人不得违法违规披露、传播和使用在线诉讼数据信息。出现上述情形的，人民法院可以根据具体情况，依照法律和司法解释关于数据安全、个人信息保护以及妨害诉讼的规定追究相关单位和人员法律责任，构成犯罪的，依法追究刑事责任。

第三十九条 本规则自2021年8月1日起施行。最高人民法院之前发布的司法解释涉及在线诉讼的规定与本规则不一致的，以本规则为准。

人民法院在线调解规则

（2021年12月27日 法释〔2021〕23号）

为方便当事人及时解决纠纷，规范依托人民法院调解平台开展的在线调解活动，提高多元化解纠纷效能，根据《中华人民共和国民事诉讼法》《中华人民共和国行政诉讼法》《中华人民共和国刑事诉讼法》等法律的规定，结合人民法院工作实际，制定本规则。

第一条 在立案前或者诉讼过程中依托人民法院调解平台开展在线调解的，适用本规则。

第二条 在线调解包括人民法院、当事人、调解组织或者调解员通过人民法院调解平台开展的在线申请、委派委托、音视频调解、制作调解协议、申请司法确认调解协议、制作调解书等全部或者部分调解活动。

第三条 民事、行政、执行、刑事自诉以及被告人、罪犯未被羁押的刑事附带民事诉讼等法律规定可以调解或者和解的纠纷，可以开展在线调解。

行政、刑事自诉和刑事附带民事诉讼案件的在线调解，法律和司法解释另有规定的，从其规定。

第四条 人民法院采用在线调解方式应当征得当事人同意，并综合考虑案件具体情况、技术条件等因素。

第五条 人民法院审判人员、专职或者兼职调解员、特邀调解组织和特邀调解员以及人民法院邀请的其他单位或者个人，可以开展在线调解。

在线调解组织和调解员的基本情况、纠纷受理范围、擅长领域、是否收费、作出邀请的人民法院等信息应当在人民法院调解平台进行公布，方便当事人选择。

第六条 人民法院可以邀请符合条件的外国人入驻人民法院调解平台，参与调解当事人一方或者双方为外国人、无国籍人、外国企业或者组织的民商事纠纷。

符合条件的港澳地区居民可以入驻人民法院调解平台，参与调解当事人一方或者双方为香港特别行政区、澳门特别行政区居民、法人或者非法人组织以及大陆港资澳资企业的民商事纠纷。

符合条件的台湾地区居民可以入驻人民法院调解平台，参与调解当事人一方或者双方为台湾地区居民、法人或者非法人组织以及大陆台资企业的民商事纠纷。

第七条 人民法院立案人员、审判人员在立案前或者诉讼过程中，认为纠纷适宜在线调解的，可以通过口头、书面、在线等方式充分释明在线调解的优势，告知在线调解的主要形式、权利义务、法律后果和操作方法等，引导当事人优先选择在线调解方式解决纠纷。

第八条 当事人同意在线调解的，应当在人民法院调解平台填写身份信息、纠纷简要情况、有效联系电话以及接收诉讼文书电子送达地址等，并上传电子化起诉申请材料。当事人在电子诉讼平台已经提交过电子化起诉申请材料的，不再重复提交。

当事人填写或者提交电子化起诉申请材料确有困难的，人民法院可以辅助当事人将纸质材料作电子化处理后导入人民法院调解平台。

第九条 当事人在立案前申请在线调解，属于下列情形之一的，人民法院退回申请并分别予以处理：

（一）当事人申请调解的纠纷不属于人民法院受案范围，告知可以采用的其他纠纷解决方式；

（二）与当事人选择的在线调解组织或者调解员建立邀请关系的人民法院对该纠纷不具有管辖权，告知选择对纠纷有管辖权的人民法院邀请的调解组织或者调解员进行调解；

（三）当事人申请调解的纠纷不适宜在线调解，告知到人民法院诉讼服务大厅现场办理调解或者立案手续。

第十条 当事人一方在立案前同意在线调解的，由人民法院征求其意见后指定调解组织或者调解员。

当事人双方同意在线调解的，可以在案件管辖法院确认的在线调解组织和调解员中共同选择调解组织或者调解员。当事人同意由人民法院指定调解组织或者调解员，或者无法在同意在线调解后两个工作日内共同选择调解组织或者调解员的，由人民法院指定调解组织或者调解员。

人民法院应当在收到当事人在线调解申请后三个工作日内指定调解组织或者调解员。

第十一条 在线调解一般由一名调解员进行，案件重大、疑难复杂或者具有较强专业性的，可以由两名以上调解员调解，并由当事人共同选定其中一人主持调解。无法共同选定的，由人民法院指定一名调解员主持。

第十二条 调解组织或者调解员应当在收到人民法院委派委托调解信息或者当事人在线调解申请后三个工作日内，确认接受人民法院委派委托或者当事人调解申请。纠纷不符合调解组织章程规定的调解范围或者行业领域，明显超出调解员擅长领域或者具有其他不适宜接受情形的，调解组织或者调解员可以写明理由后不予接受。

调解组织或者调解员不予接受或者超过规定期限未予确认的，人民法院、当事人可以重新指定或者选定。

第十三条 主持或者参与在线调解的人员有下列情形之一，应当在接受调解前或者调解过程中进行披露：

（一）是纠纷当事人或者当事人、诉讼代理人近亲属的；

（二）与纠纷有利害关系的；

（三）与当事人、诉讼代理人有其他可能影响公正调解关系的。

当事人在调解组织或者调解员披露上述情形后或者明知其具有上述情形，仍同意调解的，由该调解组织或者调解员继续调解。

第十四条 在线调解过程中，当事人可以申请更换调解组织或者调解员；更换后，当事人仍不同意且拒绝自行选择的，视为当事人拒绝调解。

第十五条 人民法院对当事人一方立案前申请在线调解的，应当征询对方当事人的调解意愿。调解员可以在接受人民法院委派调解之日起三个工作日内协助人民法院通知对方当事人，询问是否同意调解。

对方当事人拒绝调解或者无法联系对方当事人的，调解员应当写明原因，终结在线调解程序，即时将相关材料退回人民法院，并告知当事人。

第十六条 主持在线调解的人员应当在组织调解前确认当事人参与调解的方式，并按照下列情形作出处理：

（一）各方当事人均具备使用音视频技术条件的，指定在同一时间登录人民法院调解平台；无法在同一时间登录的，征得各方当事人同意后，分别指定时间开展音视频调解；

（二）部分当事人不具备使用音视频技术条件的，在人民法院诉讼服务中心、调解组织所在地或者其他便利地点，为其参与在线调解提供场所和音视频设备。

各方当事人均不具备使用音视频技术条件或者拒绝通过音视频方式调解的，确定现场调解的时间、地点。

在线调解过程中，部分当事人提出不宜通过音视频方式调解的，调解员在征得其他当事人同意后，可以组织现场调解。

第十七条 在线调解开始前，主持调解的人员应当通过证件证照在线比对等方式核实当事人和其他参与调解人员的身份，告知虚假调解法律后果。立案前调解的，调解员还应当指导当事人填写《送达地址确认书》等相关材料。

第十八条 在线调解过程中，当事人可以通过语音、文字、视频等形式自主表达意愿，提出纠纷解决方案。除共同确认的无争议事实外，当事人为达成调解协议作出妥协而认可的事实、证据等，不得在诉讼程序中作为对其不利的依据或者证据，但法律另有规定或者当事人均同意的除外。

第十九条 调解员组织当事人就所有或者部分调解请求达成一致意见的，应当在线制作或者上传调解协议，当事人和调解员应当在调解协议上进行电子签章；由调解组织主持达成调解协议的，还应当加盖调解组织电子印章，调解组织没有电子印章的，可以将加盖印章的调解协议上传至人民法院调解平台。

调解协议自各方当事人均完成电子签章之时起发生法律效力，并通过人民法院调解平台向当事人送达。调解协议有给付内容的，当事人应当按照调解协议约定内容主动履行。

第二十条 各方当事人在立案前达成调解协议的，调解员应当记入调解笔录并按诉讼外调解结案，引导当事人自动履行。依照法律和司法解释规定可以申请司法确认调解协议的，当事人可以在线提出申请，人民法院经审查符合法律规定的，裁定调解协议有效。

各方当事人在立案后达成调解协议的，可以请求人民法院制作调解书或者申请撤诉。人民法院经审查符合法律规定的，可以制作调解书或者裁定书结案。

第二十一条 经在线调解达不成调解协议，调解组织或者调解员应当记录调解基本情况、调解不成的原因、导致其他当事人诉讼成本增加的行为以及需要向人民法院提示的其他情况。人民法院按照下列情形作出处理：

（一）当事人在立案前申请在线调解的，调解组织或者调解员可以建议通过在线立案或者其他途径解决纠纷，当事人选择在线立案的，调解组织或者调解员应当将电子化调解材料在线推送给人民法院，由人民法院在法定期限内依法登记立案；

（二）立案前委派调解的，调解不成后，人民法院应当依法登记立案；

（三）立案后委托调解的，调解不成后，人民法院应当恢复审理。

审判人员在诉讼过程中组织在线调解的，调解不成后，应当及时审判。

第二十二条 调解员在线调解过程中，同步形成电子笔录，并确认无争议事实。经当事人双方明确表示同意的，可以以调解录音录像代替电子笔录，但无争议事实应当以书面形式确认。

电子笔录以在线方式核对确认后，与书面笔录具有同等法律效力。

第二十三条 人民法院在审查司法确认申请或者出具调解书过程中，发现当事人可能采取恶意串通、伪造证据、捏造事实、虚构法律关系等手段实施虚假调解行为，侵害他人合法权益的，可以要求当事人提供相关证据。当事人不提供相关证据的，人民法院不予确认调解协议效力或者出具调解书。

经审查认为构成虚假调解的，依照《中华人民共和国民事诉讼法》等相关法律规定处理。发现涉嫌刑事犯罪的，及时将线索和材料移送有管辖权的机关。

第二十四条 立案前在线调解期限为三十日。各方当事人同意延长的，不受此限。立案后在线调解，适用普通程序的调解期限为十五日，适用简易程序的调解期限为七日，各方当事人同意延长的，不受此限。立案后延长的调解期限不计入审理期限。

委派委托调解或者当事人申请调解的调解期限，自调解组织或者调解员在人民法院调解平台确认接受委派委托或者确认接受当事人申请之日起算。审判人员主持调解的，自各方当事人同意之日起算。

第二十五条 有下列情形之一的，在线调解程序终结：

（一）当事人达成调解协议；

（二）当事人自行和解，撤回调解申请；

（三）在调解期限内无法联系到当事人；

（四）当事人一方明确表示不愿意继续调解；

（五）当事人分歧较大且难以达成调解协议；

（六）调解期限届满，未达成调解协议，且各方当事人未达成延长调解期限的合意；

（七）当事人一方拒绝在调解协议上签章；

（八）其他导致调解无法进行的情形。

第二十六条 立案前调解需要鉴定评估的，人民法院工作人员、调解组织或者调解员可以告知当事人诉前委托鉴定程序，指导通过电子诉讼平台或者现场办理等方式提交诉前委托鉴定评估申请，鉴定评估期限不计入调解期限。

诉前委托鉴定评估经人民法院审查符合法律规定的，可以作为证据使用。

第二十七条 各级人民法院负责本级在线调解组织和调解员选任确认、业务培训、资质认证、指导入驻、权限设置、业绩评价等管理工作。上级人民法院选任的在线调解组织和调解员，下级人民法院在征得其同意后可以确认为本院在线调解组织和调解员。

第二十八条 人民法院可以建立婚姻家庭、劳动争议、道路交通、金融消费、证券期货、知识产权、海事海商、国际商事和涉港澳台侨纠纷等专业行业特邀调解名册，按照不同专业邀请具备相关专业能力的组织和人员加入。

最高人民法院建立全国性特邀调解名册，邀请全国人大代表、全国政协委员、知名专家学者、具有较高知名度的调解组织以及较强调解能力的人员加入，参与调解全国法院有重大影响、疑难复杂、适宜调解的案件。

高级人民法院、中级人民法院可以建立区域性特邀调解名册，参与本辖区法院案件的调解。

第二十九条 在线调解组织和调解员在调解过程中，存在下列行为之一的，当事人可以向作出邀请的人民法院投诉：

（一）强迫调解；

（二）无正当理由多次拒绝接受人民法院委派委托或者当事人调解申请；

（三）接受当事人请托或者收受财物；

（四）泄露调解过程、调解协议内容以及调解过程中获悉的国家秘密、商业秘密、个人隐私和其他不宜公开的信息，但法律和行政法规另有规定的除外；

（五）其他违反调解职业道德应当作出处理的行为。

人民法院经核查属实的，应当视情形作出解聘等相应处理，并告知有关主管部门。

第三十条 本规则自2022年1月1日起施行。最高人民法院以前发布的司法解释与本规则不一致的，以本规则为准。

人民法院在线运行规则

（2021年12月30日　法发〔2022〕8号）

为支持和推进在线诉讼、在线调解等司法活动，完善人民法院在线运行机制，方便当事人及其他参与人在线参与诉讼、调解等活动，提升审判执行工作质效，根据相关法律规定，结合智慧法院建设实际，制定本规则。

一、总　　则

第一条　人民法院运用互联网、大数据、云计算、移动互联、人工智能和区块链等信息技术，完善智慧法院信息系统，规范应用方式，强化运行管理，以在线方式满足人民群众多元化司法需求，高效支持审判执行活动。

第二条　人民法院在线运行遵循以下原则：

（一）高效便民。坚持以人民为中心，提供一网通办、一站通办、一号通办等多元解纷和诉讼服务，减轻当事人诉累。

（二）注重实效。坚持司法规律、体制改革与技术变革相融合，完善信息系统，规范应用方式，强化运行管理，全方位支持人民法院开展在线审判执行活动，保障司法工作，提高司法效率。

（三）统筹共享。加强顶层统筹规划，优先建设和使用全国法院统一信息系统，持续推进信息基础设施、应用系统和数据资源兼容共享。

（四）创新驱动。贯彻实施网络强国战略，加大先进技术研究应用力度，推动业务流程、诉讼规则、审判模式与时俱进。

（五）安全可靠。依法采集、存储、处理和使用数据，保护国家秘密、商业秘密、个人隐私和个人信息，保障人民法院在线运行信息安全。

第三条 各级人民法院用以支持在线司法活动的信息系统建设、应用、运行和管理，适用本规则。

二、系统建设

第四条 人民法院应当建设智慧服务、智慧审判、智慧执行、智慧管理、司法公开、司法数据中台和智慧法院大脑、信息基础设施、安全保障、运维保障等智慧法院信息系统，保障人民法院在线运行。

智慧法院信息系统以司法数据中台和智慧法院大脑为核心，实现数据互联互通，支持业务协同办理。

第五条 智慧服务系统在互联网运行，与法院专网安全联通，为人民群众提供诉讼、调解、咨询和普法等在线服务，支撑构建一站式多元解纷和诉讼服务体系。

智慧服务系统包括人民法院在线服务、电子诉讼平台、人民法院调解平台、诉讼服务网、12368 诉讼服务热线、电子送达平台、在线保全系统、在线鉴定系统等。

智慧服务系统应当具备诉讼指引、在线调解及名册管理、在线立案、在线交费、在线证据交换、在线委托鉴定、在线保全、在线庭审、在线执行、在线阅卷、在线查档、在线送达、在线公告、跨域诉讼服务等功能。

人民法院在线服务与智慧服务系统其他平台对接，作为人民法院通过互联网向人民群众提供在线服务的统一入口。

第六条 智慧审判系统在法院专网或电子政务网运行，

为审判人员提供阅卷、查档、听证、庭审、合议、裁判辅助等在线服务，支撑构建现代化审判体系。

智慧审判系统包括审判流程管理系统、电子卷宗流转应用系统、智能裁判辅助系统、量刑规范化系统、庭审语音识别系统等。

智慧审判系统应当具备案件信息管理、审限管理、电子卷宗随案同步生成和深度应用、类案智推、文书辅助生成、量刑辅助等功能。

第七条 智慧执行系统在法院专网或电子政务网运行，为执行人员提供执行协同、执行信息管理、查人找物、财产处置、失信惩戒等在线服务，支撑构建现代化执行工作体系。

智慧执行系统包括执行指挥平台、执行案件流程信息管理系统、执行查控系统、失信惩戒系统、司法拍卖系统、一案一帐户案款管理系统、移动执行系统等。

智慧执行系统应当具备执行案件全流程网上办理、执行线索分析、执行财产网络查控、司法拍卖信息发布、网络询价、失信被执行人管理等功能。

第八条 智慧管理系统在法院专网或电子政务网运行，为法院干警提供行政办公、人事管理、审务督察和档案管理等在线服务，支撑构建现代化司法管理体系。

智慧管理系统主要包括办公平台、人事管理系统、审务督察系统、电子档案系统等。

智慧管理系统应当具备公文在线办理、人事信息管理、审务督察、电子档案管理等功能。

第九条 司法公开平台在互联网运行，为当事人及其他诉讼参与人、社会公众提供依法公开的审判流程信息、庭审活动信息、裁判文书信息、执行工作信息等在线公开服务，支撑构建开放、动态、透明、便民的阳光司法机制。

司法公开平台主要包括中国审判流程信息公开网、中国庭审公开网、中国裁判文书网、中国执行信息公开网、全国企业破产重整案件信息网、全国法院减刑、假释、暂予监外执行信息网等。

司法公开平台应当具备信息公开、信息检索、可视化展现等功能。

第十条 司法数据中台和智慧法院大脑运行在法院专网或电子政务网，为智慧服务、智慧审判、智慧执行、智慧管理和司法公开等智慧法院信息系统提供数据和智能服务。

司法数据中台和智慧法院大脑包括司法数据库、数据管理平台、数据交换平台、数据服务平台、人工智能引擎、司法知识库、知识服务平台和司法区块链平台等。

司法数据中台和智慧法院大脑应当具备数据汇聚治理、共享交换、关联融合、可视化展现、知识生成、智能计算、辅助决策、证据核验、可信操作、智能合约等功能。

第十一条 各级人民法院应当建设信息基础设施，为人民法院在线运行提供必要的基础条件支撑。

信息基础设施包括通信网络、计算存储、通用终端设备以及信息管理中心、执行指挥中心、诉讼服务大厅、科技法庭等重要场所专用设施。

信息基础设施应当为各类应用系统、数据资源和运维保障提供计算运行、数据存储、通信传输、显示控制等服务。

第十二条 各级人民法院应当建设安全保障系统，为人民法院在线运行提供网络和信息安全保障。

安全保障系统包括身份认证平台、边界防护系统、安全隔离交换系统、权限管理系统、安全管控系统和安全运维系统等。

安全保障系统应当为各类信息基础设施、应用系统和数据资源提供主机安全、身份认证、访问控制、分类分级、密码加密、防火墙、安全审计和安全管理等安全服务。

第十三条 各级人民法院应当建设运维保障系统，为人民法院在线运行提供运行维护保障。

运维保障系统包括质效型运维服务、可视化管理平台、运行质效报告和应急管理平台等。

运维保障系统应当为信息基础设施、应用系统、数据资源和安全保障系统提供运行、维护和运行质效分析等运维保障服务。

三、应用方式

第十四条 当事人及其他参与人应用智慧服务系统进行在线调解、在线诉讼，应当先行注册并完成身份认证，取得登录智慧服务系统的专用账号。

同一用户注册智慧服务系统应当以个人身份认证和实名注册为主，尽量使用相同的注册和身份认证信息。

智慧服务系统应当对接公安机关户籍管理系统支持核对用户身份认证信息，并支持用户信息的统一管理和共享应用。

第十五条 当事人及其他参与人在智慧服务系统相应平台完成注册后，可以在线登录并通过身份认证，关联相关案件参与在线调解、在线诉讼。

第十六条 当事人及其他参与人可以应用人民法院调解平台等开展在线调解，进行在线申请、接受、拒绝或者终止调解，获得在线调解引导等服务。

人民法院通过人民法院调解平台等，支持人民法院、当事人、在线调解组织和调解员通过电脑和移动终端设备进行在线调解，支持在线开展调解前协商和解、调解组织和调解员选定、音视频调解、制作调解协议、申请司法确认或者出具调解书等，支持在线诉非对接、诉调对接程序，保存调解过程中的所有音视频和文字材料。

人民法院、调解组织和调解员可以通过人民法院调解平台等在线管理相关组织和人员信息。

第十七条 当事人及其代理人可以通过人民法院在线服务、电子诉讼、诉讼服务网等平台在线提交立案申请。

人民法院通过智慧审判系统对接智慧服务系统在线处理立案申请，反馈立案结果。

第十八条 当事人及其代理人可以通过人民法院在线服务、电子诉讼平台、人民法院调解平台、诉讼服务网等平台在线查看案件相关诉讼费用信息并通过网上支付通道在线交费。

人民法院通过智慧审判、智慧执行系统对接智慧服务系统在线发起交费通知、查看交费状态。

第十九条 当事人及其代理人通过人民法院在线服务、电子诉讼、人民法院调解平台、诉讼服务网等平台在线填写或提交各类案件相关电子材料，应符合平台告知的相应文件的格式、体例、规范性和清晰度等要求。

第二十条 智慧服务系统中在线提交、符合要求的电子文件自动纳入案件电子卷宗，并传送智慧审判系统、智慧执行系统、智慧管理系统流转应用。

对于线下提交的案件材料，人民法院应当及时通过扫描、翻拍、转录等方式随案同步生成符合要求的电子文件，形成案件电子卷宗。

人民法院通过智慧审判、智慧执行系统支持电子卷宗随案流转应用，包括阅卷、合议、庭审、审委会讨论、跨院调卷等。

人民法院利用电子卷宗实现文件数据化、回填案件信息、文书辅助生成、卷宗自动归档等智能化应用。

第二十一条 人民法院通过智慧服务系统相应平台和司法区块链核验当事人通过区块链平台提交的相关电子文件和数据等证据材料。

第二十二条 当事人及其代理人可以通过人民法院在线服务、电子诉讼平台、诉讼服务网等平台获知相应的平台门户、通信带宽和显示分辨率等技术条件要求，开展在线证据交换、在线举证质证。

第二十三条 人民法院通过智慧服务、智慧审判、智慧执行、司法区块链等平台，支持对经当事人及其代理人在线举证质证后的证据材料的真实性、合法性和关联性的认定和重现。

第二十四条 当事人及其代理人可以通过智慧服务系统提交在线阅卷、在线查档申请。

人民法院按照相关规定从智慧审判、智慧执行和智慧管理系统中调取相应卷宗或档案流转至智慧服务系统，支持当事人及其代理人在线阅卷、在线查档。

第二十五条 人民法院、当事人及其代理人、证人、鉴定人等可以通过人民法院在线服务、电子诉讼平台、诉讼服务网等平台，按照相关技术条件要求，通过科技法庭、电脑和移动终端设备开展在线视频庭审，开展在线庭前准备、法庭调查、法庭辩论、语音转写、笔录签名等庭审活动，人民法院应当按照相关规定保存庭审过程中的音视频和文字材料。

第二十六条 受送达人可以通过人民法院在线服务、人民法院送达平台、诉讼服务网和中国审判流程信息公开网等平台在线查阅、接收、下载和签收相关送达材料。

人民法院通过智慧审判、智慧执行系统，对接人民法院送达平台，记录各方参与主体的电子邮箱、即时通讯账号、诉讼平台专用账号等电子地址，按照有关规定进行在线送达、接受送达回执，实现在线送达所有环节信息全程留痕，记录并保存送达凭证。

第二十七条 当事人及其代理人可以通过人民法院在线

服务、在线保全等平台向有管辖权的法院申请保全、提交或补充申请信息和材料，交纳保全费，也可以在线提起解除保全、续行保全、保全复议等。

当事人及其代理人可以通过人民法院在线服务、在线保全等平台在线向第三方担保机构申请担保，申请通过后在线交纳担保费，也可以在线取消、变更担保等。

第三方担保机构在当事人交纳担保费用后，可以在线出具电子担保书，支持当事人及其代理人在线查看、下载电子担保书。

人民法院通过智慧审判和智慧执行系统对接智慧服务系统在线进行保全审核和后续业务办理。

第二十八条 人民法院通过智慧审判系统、智慧执行系统对接智慧服务系统，依职权或当事人申请，在线发起委托鉴定、选择鉴定机构、移送鉴定材料。

鉴定机构可以通过人民法院在线服务、在线鉴定等平台在线受理委托任务、审阅鉴定相关检材、出具鉴定意见书或报告书；鉴定申请人可以在线查阅鉴定意见书或报告书，在线提出异议或者申请出庭；人民法院可以在线对异议或出庭申请进行审核及答复。

第二十九条 当事人及其代理人可通过人民法院在线服务、12368 诉讼服务热线、诉讼服务网、人民法院调解平台等平台联系人民法院，进行案件调解、审判、执行、阅卷、查档、信访、送达以及预约事项办理信息的在线咨询查询。

第三十条 人民法院通过智慧审判系统实现案件电子卷

宗的随案同步生成和深度应用，支持电子卷宗智能编目、信息自动回填、在线阅批、一键归档、上诉审移送与查阅，支持案件收案、分案、庭审、合议、裁判、结案、归档全流程网上办理；对接司法数据中台和智慧法院大脑，提供案件数据服务、案情智能分析、类案精准推送、文书辅助生成等智能辅助应用；依法按需实现法院内部、不同法院之间、法院与协同部门之间的卷宗信息共享和业务协同。

第三十一条 人民法院通过智慧执行系统实现执行案件全程在线办理、执行活动全程留痕、全方位多层次监控，支持在线采取财产查控、询价评估、拍卖变卖、案款发放、信用惩戒等执行措施。

第三十二条 人民法院通过电子档案管理信息系统，按照档案相关法律法规，在线完成电子档案的收集、保存和提供利用。

第三十三条 当事人及其代理人按照依法、自愿、合理的原则，可将诉讼、调解等环节由线上转为线下，或由线下转为线上进行；人民法院在线运行方式支持部分参与者采用线上、其他参与者采用线下的方式参与诉讼、调解等活动。

诉讼、调解活动采用线下办理的，人民法院应当及时将相关案件材料制作形成电子卷宗，并上传至智慧法院相关信息系统纳入管理。

四、运行管理

第三十四条 各级人民法院应当按照信息安全等级保护

要求，确定智慧法院信息系统的安全保护等级，制定安全管理制度和操作规程，确定网络安全责任人，落实网络安全保护责任。

各级人民法院应当通过安全保障系统防范计算机病毒和网络攻击、网络侵入等危害网络安全的行为，通过安全隔离交换平台支持跨网系信息互通的同时防范网间恶意入侵、非法登录和数据窃取等行为，监测、记录并留存相关信息系统运行状态和网络安全事件，强化关键信息基础设施运行安全，建立健全用户信息保护机制，加强网络安全监测预警与应急处置能力。

各级人民法院应当开展与等级保护标准相符合的信息系统安全保障建设和测评以及密码应用安全评估。

第三十五条 各级人民法院应当确保智慧法院信息系统相关数据全生命周期安全，制定数据分类分级保护、数据安全应急处理和数据安全审查等制度。

各级人民法院应当通过安全保障系统建立相关信息系统数据权限管理和数据安全风险信息获取、分析、研判和预警机制，遵循“安全、必要、最小范围”原则实现数据共享和安全管控，保证在线诉讼、在线调解等司法活动中的个人隐私、个人信息、商业秘密、保密商务信息、审判执行工作秘密等数据依法予以保密，不被随意泄露或非法向他人提供。

第三十六条 各级人民法院应当指导、监督智慧法院信息系统建设、运行和管理中的个人信息保护工作，接受、处理在线诉讼、在线调解活动中个人信息保护有关的投诉和举报，定期组织对各类信息系统个人信息保护情况进行测评并公布结果，调查、处理在线诉讼、调解等司法活动中的违法处理个人信息行为。

各级人民法院应当加强司法公开工作中的个人信息保护，严格执行法律规定的公开范围，依法公开相关信息，运用信息化手段支持个人敏感信息屏蔽、司法公开质量管控。

第三十七条 各级人民法院应当通过运维保障系统，按照一线运维、二线运维和运行质效分析等方式支持智慧法院信息系统的运行维护保障，一线运维主要负责用户管理、权限分配、系统故障修复和应急响应处理等，二线运维主要负责信息系统运行状态和质效的监控分析，最高人民法院及各高级人民法院应当定期组织进行智慧法院信息系统的运行质效分析，提出改进建议。

第三十八条 各级人民法院应当建立健全信息系统规划、立项、采购、建设、测试、验收、应用和评价等全生命周期管理体系，实现对智慧法院信息系统主机、软件、存储资源、通信网络、机房和专用设施场所等系统和设施的全面管理，支撑人民法院在线稳定运行。

第三十九条 各级人民法院应当建立健全人民法院在线运行相关数据生产、汇聚、存储、治理、加工、传输、使用、提供、公开等过程管理机制，明确数据管理责任，全面提升数据质量，提高数据应用能力。

第四十条 各级人民法院应当制定应急计划，及时有效处理人民法院在线运行过程中出现的停电、断线、技术故障、遭受网络攻击、数据安全漏洞等突发事件。无法立即修复故障时，各级人民法院应当根据故障性质暂停提供相关服务，及时向用户告知故障信息，直至系统恢复正常，并记录保存故障信息。

第四十一条 各级人民法院应当依据相关法律规定，与企业院校开展合作，推进智慧法院信息系统建设、运行、维护，支持、组织、监督合作单位依照法律规定和合同约定履行义务，严格实施合作单位人员的出入、驻场、工作、培训、安全、保密、廉政和离职管理，确保合作单位不得利用工作便利擅自更改、留存、使用、泄露或者向他人提供相关工作信息。

第四十二条 各级人民法院应当优先推广应用全国法院统建信息系统，推进各地法院自研系统接入相应全国统建系统。

第四十三条 人民法院应当在符合安全要求的前提下加强与外部相关信息系统的按需对接和在线业务协同。

第四十四条 各级人民法院应当积极通过各种渠道向社会公众宣传智慧法院建设的重大意义，推广普及智慧法院相关信息系统应用，针对各类用户做好培训、咨询以及必要的应用演练，建立用户满意度评价、跟踪、反馈、改进机制，不断提升人民法院在线运行效能。

五、附　　则

第四十五条 本规则自 2022 年 3 月 1 日起施行。

最高人民法院关于人民法院特邀调解的规定

（2016 年 5 月 23 日　法释〔2016〕14 号）

为健全多元化纠纷解决机制，加强诉讼与非诉讼纠纷解决方式的有效衔接，规范人民法院特邀调解工作，维护当事人合法权益，根据《中华人民共和国民事诉讼法》《中华人民共和国人民调解法》等法律及相关司法解释，结合人民法院工作实际，制定本规定。

第一条　特邀调解是指人民法院吸纳符合条件的人民调解、行政调解、商事调解、行业调解等调解组织或者个人成为特邀调解组织或者特邀调解员，接受人民法院立案前委派或者立案后委托依法进行调解，促使当事人在平等协商基础上达成调解协议、解决纠纷的一种调解活动。

第二条　特邀调解应当遵循以下原则：

（一）当事人平等自愿；

（二）尊重当事人诉讼权利；

（三）不违反法律、法规的禁止性规定；

（四）不损害国家利益、社会公共利益和他人合法权益；

（五）调解过程和调解协议内容不公开，但是法律另有规定的除外。

第三条 人民法院在特邀调解工作中，承担以下职责：

（一）对适宜调解的纠纷，指导当事人选择名册中的调解组织或者调解员先行调解；

（二）指导特邀调解组织和特邀调解员开展工作；

（三）管理特邀调解案件流程并统计相关数据；

（四）提供必要场所、办公设施等相关服务；

（五）组织特邀调解员进行业务培训；

（六）组织开展特邀调解业绩评估工作；

（七）承担其他与特邀调解有关的工作。

第四条 人民法院应当指定诉讼服务中心等部门具体负责指导特邀调解工作，并配备熟悉调解业务的工作人员。

人民法庭根据需要开展特邀调解工作。

第五条 人民法院开展特邀调解工作应当建立特邀调解组织和特邀调解员名册。建立名册的法院应当为入册的特邀调解组织或者特邀调解员颁发证书，并对名册进行管理。上级法院建立的名册，下级法院可以使用。

第六条 依法成立的人民调解、行政调解、商事调解、行业调解及其他具有调解职能的组织，可以申请加入特邀调解组织名册。品行良好、公道正派、热心调解工作并具有一定沟通协调能力的个人可以申请加入特邀调解员名册。

人民法院可以邀请符合条件的调解组织加入特邀调解组织名册，可以邀请人大代表、政协委员、人民陪审员、专家学者、律师、仲裁员、退休法律工作者等符合条件的个人加入特邀调解员名册。

特邀调解组织应当推荐本组织中适合从事特邀调解工作的调解员加入名册，并在名册中列明；在名册中列明的调解员，视为人民法院特邀调解员。

第七条 特邀调解员在入册前和任职期间，应当接受人民法院组织的业务培训。

第八条 人民法院应当在诉讼服务中心等场所提供特邀调解组织和特邀调解员名册，并在法院公示栏、官方网站等平台公开名册信息，方便当事人查询。

第九条 人民法院可以设立家事、交通事故、医疗纠纷等专业调解委员会，并根据特定专业领域的纠纷特点，设定专业调解委员会的入册条件，规范专业领域特邀调解程序。

第十条 人民法院应当建立特邀调解组织和特邀调解员业绩档案，定期组织开展特邀调解评估工作，并及时更新名册信息。

第十一条 对适宜调解的纠纷，登记立案前，人民法院可以经当事人同意委派给特邀调解组织或者特邀调解员进行调解；登记立案后或者在审理过程中，可以委托给特邀调解组织或者特邀调解员进行调解。

当事人申请调解的，应当以口头或者书面方式向人民法院提出；当事人口头提出的，人民法院应当记入笔录。

第十二条 双方当事人应当在名册中协商确定特邀调解员；协商不成的，由特邀调解组织或者人民法院指定。当事人不同意指定的，视为不同意调解。

第十三条 特邀调解一般由一名调解员进行。对于重大、疑难、复杂或者当事人要求由两名以上调解员共同调解的案件，可以由两名以上调解员调解，并由特邀调解组织或者人民法院指定一名调解员主持。当事人有正当理由的，可以申请更换特邀调解员。

第十四条 调解一般应当在人民法院或者调解组织所在地进行，双方当事人也可以在征得人民法院同意的情况下选择其他地点进行调解。

特邀调解组织或者特邀调解员接受委派或者委托调解后，应当将调解时间、地点等相关事项及时通知双方当事人，也可以通知与纠纷有利害关系的案外人参加调解。

调解程序开始之前，特邀调解员应当告知双方当事人权利义务、调解规则、调解程序、调解协议效力、司法确认申请等事项。

第十五条 特邀调解员有下列情形之一的，当事人有权申请回避：

（一）是一方当事人或者其代理人近亲属的；

（二）与纠纷有利害关系的；

（三）与纠纷当事人、代理人有其他关系，可能影响公正调解的。

特邀调解员有上述情形的，应当自行回避；但是双方当事人同意由该调解员调解的除外。

特邀调解员的回避由特邀调解组织或者人民法院决定。

第十六条 特邀调解员不得在后续的诉讼程序中担任该

案的人民陪审员、诉讼代理人、证人、鉴定人以及翻译人员等。

第十七条 特邀调解员应当根据案件具体情况采用适当的方法进行调解，可以提出解决争议的方案建议。特邀调解员为促成当事人达成调解协议，可以邀请对达成调解协议有帮助的人员参与调解。

第十八条 特邀调解员发现双方当事人存在虚假调解可能的，应当中止调解，并向人民法院或者特邀调解组织报告。

人民法院或者特邀调解组织接到报告后，应当及时审查，并依据相关规定作出处理。

第十九条 委派调解达成调解协议，特邀调解员应当将调解协议送达双方当事人，并提交人民法院备案。

委派调解达成的调解协议，当事人可以依照民事诉讼法、人民调解法等法律申请司法确认。当事人申请司法确认的，由调解组织所在地或者委派调解的基层人民法院管辖。

第二十条 委托调解达成调解协议，特邀调解员应当向人民法院提交调解协议，由人民法院审查并制作调解书结案。达成调解协议后，当事人申请撤诉的，人民法院应当依法作出裁定。

第二十一条 委派调解未达成调解协议的，特邀调解员应当将当事人的起诉状等材料移送人民法院；当事人坚持诉讼的，人民法院应当依法登记立案。

委托调解未达成调解协议的，转入审判程序审理。

第二十二条 在调解过程中，当事人为达成调解协议作出妥协而认可的事实，不得在诉讼程序中作为对其不利的根据，但是当事人均同意的除外。

第二十三条 经特邀调解组织或者特邀调解员调解达成调解协议的，可以制作调解协议书。当事人认为无需制作调解协议书的，可以采取口头协议方式，特邀调解员应当记录协议内容。

第二十四条 调解协议书应当记载以下内容：

（一）当事人的基本情况；

（二）纠纷的主要事实、争议事项；

（三）调解结果。

双方当事人和特邀调解员应当在调解协议书或者调解笔录上签名、盖章或者捺印；由特邀调解组织主持达成调解协议的，还应当加盖调解组织印章。

委派调解达成调解协议，自双方当事人签名、盖章或者捺印后生效。委托调解达成调解协议，根据相关法律规定确定生效时间。

第二十五条 委派调解达成调解协议后，当事人就调解协议的履行或者调解协议的内容发生争议的，可以向人民法院提起诉讼，人民法院应当受理。一方当事人以原纠纷向人民法院起诉，对方当事人以调解协议提出抗辩的，应当提供调解协议书。

经司法确认的调解协议，一方当事人拒绝履行或者未全部履行的，对方当事人可以向人民法院申请执行。

第二十六条 有下列情形之一的，特邀调解员应当终止调解：

（一）当事人达成调解协议的；

（二）一方当事人撤回调解请求或者明确表示不接受调解的；

（三）特邀调解员认为双方分歧较大且难以达成调解协议的；

（四）其他导致调解难以进行的情形。

特邀调解员终止调解的，应当向委派、委托的人民法院书面报告，并移送相关材料。

第二十七条 人民法院委派调解的案件，调解期限为30日。但是双方当事人同意延长调解期限的，不受此限。

人民法院委托调解的案件，适用普通程序的调解期限为15日，适用简易程序的调解期限为7日。但是双方当事人同意延长调解期限的，不受此限。延长的调解期限不计入审理期限。

委派调解和委托调解的期限自特邀调解组织或者特邀调解员签字接收法院移交材料之日起计算。

第二十八条 特邀调解员不得有下列行为：

（一）强迫调解；

（二）违法调解；

（三）接受当事人请托或收受财物；

（四）泄露调解过程或调解协议内容；

（五）其他违反调解员职业道德的行为。

当事人发现存在上述情形的，可以向人民法院投诉。经审查属实的，人民法院应当予以纠正并作出警告、通报、除名等相应处理。

第二十九条 人民法院应当根据实际情况向特邀调解员发放误工、交通等补贴，对表现突出的特邀调解组织和特邀调解员给予物质或者荣誉奖励。补贴经费应当纳入人民法院专项预算。

人民法院可以根据有关规定向有关部门申请特邀调解专项经费。

第三十条 本规定自2016年7月1日起施行。

全国人民代表大会常务委员会关于授权最高人民法院在部分地区开展民事诉讼程序繁简分流改革试点工作的决定

（2019年12月28日第十三届全国人民代表大会常务委员会第十五次会议通过）

为进一步优化司法资源配置，推进案件繁简分流、轻重分离、快慢分道，深化民事诉讼制度改革，提升司法效能，促进司法公正，第十三届全国人民代表大会常务委员会第十五次会议决定：授权最高人民法院在北京、上海市辖区内中级人民法院、基层人民法院，南京、苏州、杭州、宁波、合肥、福州、厦门、济南、郑州、洛阳、武汉、广州、深圳、成都、贵阳、昆明、西安、银川市中级人民法院及其辖区内基层人民法院，北京、上海、广州知识产权法院，上海金融法院，北京、杭州、广州互联网法院，就优化司法确认程序、完善小额诉讼程序、完善简易程序规则、扩大独任制适用范围、健全电子诉讼规则等，开展民事诉讼程序繁简分流改革试点工作。试点期间，试点法院暂时调整适用《中华人民共和国民事诉讼法》第三十九条第一款、第二款，第四十条第一款，第八十七条第一款，第一百六十二条，第一百六十九条第一款，第一百九十四条。试点工作应当遵循民事诉讼法的基本原则，充分保障当事人诉讼权利，促进提升司法效率，确保司法公正。试点具体办法由最高人民法院牵头研究制定，报全国人民代表大会常务委员会备案。试点期限为二年，自试点办法印发之日起算。

最高人民法院应当加强对试点工作的组织指导和监督检查。试点过程中，最高人民法院应当就试点情况向全国人民代表大会常务委员会作出中期报告。试点期满后，对实践证明可行的，应当修改完善有关法律；对实践证明不宜调整的，恢复施行有关法律规定。

本决定自 2019 年 12 月 29 日起施行。

最高人民法院关于印发《民事诉讼程序繁简分流改革试点方案》的通知

（2020 年 1 月 15 日　法〔2020〕10 号）

北京、上海、江苏、浙江、安徽、福建、山东、河南、湖北、广东、四川、贵州、云南、宁夏、陕西省（区、市）高级人民法院：

为深入贯彻党的十九大和十九届二中、三中、四中全会及中央政法工作会议精神，深化民事诉讼制度改革，推进案件繁简分流、轻重分离、快慢分道，充分保障人民群众合法诉讼权益，有效降低当事人诉讼成本，满足人民群众多元、高效、便捷的纠纷解决需求，进一步优化司法资源配置，全面促进司法公正、提升程序效能，最高人民法院制定了《民事诉讼程序繁简分流改革试点方案》，已经中央司法体制改革领导小组专题会议审议通过。第十三届全国人大常委会第十五次会议作出《全国人民代表大会常务委员会关于授权最高人民法院在部分地区开展民事诉讼程序繁简分流改革试点工作的决定》（人大常委会字〔2019〕42 号），确保重大改革措施于法有据。现将《民事诉讼程序繁简分流改革试点方案》印发给你们，请认真组织实施。实施过程中遇有问题，请及时层报最高人民法院。

附：

民事诉讼程序繁简分流改革试点方案

为深入贯彻党的十九大和十九届二中、三中、四中全会及中央政法工作会议精神，现就推进民事诉讼程序繁简分流改革试点工作提出方案如下：

一、改革目标和基本原则

以全面提升司法质量、效率和公信力，努力让人民群众在每一个司法案件中感受到公平正义为根本目标，推动完善民事诉讼程序规则，优化司法资源配置模式，不断激发制度活力，全面提升司法效能，推动优化法治化营商环境，促进审判体系和审判能力现代化，服务国家治理体系和治理能力现代化。

（一）坚持正确政治方向。以习近平新时代中国特色社会主义思想为指导，始终坚持党对政法工作的绝对领导，坚定不移走中国特色社会主义法治道路，切实提升人民法院化解矛盾纠纷的能力水平，为国家长治久安、社会安定有序、人民安居乐业提供坚强有力的司法服务和保障。

（二）坚持以人民为中心。始终将不断满足人民群众司法需求作为出发点，积极拓宽纠纷解决渠道，完善纠纷解决方式，以为民谋利、为民尽责的实际成效取信于民。充分尊重当事人程序选择权，根据案件类型和复杂程度，适用不同的审理程序，配置相应的司法资源，优质、高效、低成本地解决矛盾纠纷，努力让司法更加亲民、诉讼更加便民、改革更加惠民，全面提升人民群众的获得感。

（三）坚持依法有序推进。严格按照法律要求和法定程序推进试点工作。涉及调整适用现行法律规定的，由立法机关作出授权决定后组织实施。对于实践证明可行的经验做法，及时总结提炼并推动上升为普遍适用的法律制度。推动顶层设计和基层探索良性互动、有机结合，实现改革系统集成、协同高效。

（四）坚持强化科技驱动。充分运用大数据、云计算、人工智能等现代科技手段破解改革难题、提升司法能力，促进语音识别、远程视频、智能辅助、电子卷宗等科技手段的深度应用，适度扩大在线诉讼的覆盖范围，推动实现审判方式、诉讼制度与互联网技术深度融合。

二、主要内容

（一）优化司法确认程序。健全特邀调解制度，加强特邀调解名册管理，完善诉前委派调解与司法确认程序的衔接机制。合理拓宽司法确认程序适用范围，经律师调解工作室（中心）等特邀调解组织、特邀调解员，或者人民调解委员会依法调解达成民事调解协议的，当事人可以按照程序要求，向人民法院申请司法确认。完善司法确认案件管辖规则，符合级别管辖和专门管辖标准的，由对应的中级人民法院和专门人民法院受理。

（二）完善小额诉讼程序。加强小额诉讼程序适用，适当提高小额诉讼案件标的额基准，明确适用小额诉讼程序的案件范围。进一步简化小额诉讼案件的审理方式和裁判文书，合理确定小额诉讼案件审理期限。完善小额诉讼程序与简易程序、普通程序的转换适用机制。

（三）完善简易程序规则。对需要进行公告送达的简单民事案件，可以适用简易程序审理。明确简易程序案件庭审和裁判文书的简化规则，完善简易程序审限规定。

（四）扩大独任制适用范围。探索基层人民法院可以由法官一人适用普通程序独任审理部分民事案件，明确适用独任制审理第一审普通程序案件的具体情形。探索中级人民法院和专门人民法院可以由法官一人独任审理部分简单民事上诉案件，明确适用独任制审理第二审民事案件的具体情形和审理方式。建立独任制与合议制的转换适用机制。

（五）健全电子诉讼规则。明确诉讼参与人通过人民法院信息化平台在线完成诉讼行为的法律效力。当事人选择以在线方式诉讼的，可以以电子化方式提交诉讼材料和证据材料，经人民法院审核通过后，可以不再提交纸质原件。经当事人同意，适用简易程序或者普通程序审理的案件，均可以采取在线视频方式开庭。明确电子送达的适用条件、适用范围和生效标准，经受送达人同意，可以采用电子方式送达判决书、裁定书、调解书。

三、试点范围和期限

（一）试点范围：北京、上海市辖区内中级人民法院、基层人民法院，南京、苏州、杭州、宁波、合肥、福州、厦门、济南、郑州、洛阳、武汉、广州、深圳、成都、贵阳、昆明、西安、银川市中级人民法院及其辖区内基层人民法院，北京、上海、广州知识产权法院，上海金融法院，北京、杭州、广州互联网法院。

（二）试点期限：试点期限为二年，自试点实施办法印发之日起算。

四、方案实施

（一）制定印发试点办法。最高人民法院制定印发民事诉讼程序繁简分流改革试点实施办法，并报全国人大常委会备案，作为推进试点工作的具体依据。

（二）积极开展试点工作。各试点法院根据全国人大常委会授权决定、试点方案和试点实施办法开展试点工作。各试点地区高级人民法院结合工作实际，制定具体实施方案和相关制度规定。最高人民法院做好试点指导工作，并适时向党中央和全国人大常委会作专题报告。

（三）推动法律修改完善。最高人民法院在全面总结试点经验和实效评估的基础上，配合全国人大常委会推动修改民事诉讼法等相关条文，配套完善相关司法解释。

五、组织保障

根据中共中央办公厅印发的《关于政法领域全面深化改革的实施意见》及其分工方案，试点工作由最高人民法院牵头推进，中央政法委、全国人大监察和司法委员会、全国人大常委会法制工作委员会、司法部等作为参加单位。最高人民法院加强对试点工作的跟踪指导、实效评估和总结验收，定期与各成员单位沟通协商，确保试点工作稳妥有序推进。

最高人民法院关于印发《民事诉讼程序繁简分流改革试点实施办法》的通知

（2020年1月15日　法〔2020〕11号）

北京、上海、江苏、浙江、安徽、福建、山东、河南、湖北、广东、四川、贵州、云南、宁夏、陕西省（区、市）高级人民法院：

为深入贯彻党的十九大和十九届二中、三中、四中全会及中央政法工作会议精神，深化民事诉讼制度改革，根据第十三届全国人大常委会第十五次会议作出的《全国人民代表大会常务委员会关于授权最高人民法院在部分地区开展民事诉讼程序繁简分流改革试点工作的决定》（人大常委会字〔2019〕42号）和最高人民法院印发的《民事诉讼程序繁简分流改革试点方案》（法〔2020〕10号），结合工作实际，最高人民法院制定了《民事诉讼程序繁简分流改革试点实施办法》。现将文件印发给你们，请认真组织实施。实施过程中遇有情况和问题，请及时层报最高人民法院。

民事诉讼程序繁简分流改革试点实施办法

为深化民事诉讼制度改革，推进案件繁简分流、轻重分离、快慢分道，进一步优化司法资源配置，全面促进司法公正，提升司法效能，满足人民群众多元、高效、便捷的纠纷解决需求，维护当事人合法诉讼权益，根据第十三届全国人民代表大会常务委员会第十五次会议作出的《全国人民代表大会常务委员会关于授权最高人民法院在部分地区开展民事诉讼程序繁简分流改革试点工作的决定》，结合审判工作实际，制定本办法。

一、一般规定

第一条 试点法院应当根据本办法，积极优化司法确认程序、小额诉讼程序和简易程序，健全审判组织适用模式，探索推行电子诉讼和在线审理机制，有效降低当事人诉讼成本，充分保障人民群众合法诉讼权益，促进司法资源与司法需求合理有效配置，全面提升司法质量、效率和公信力，努力让人民群众在每一个司法案件中感受到公平正义。

二、优化司法确认程序

第二条 人民法院应当建立特邀调解名册，按照规定的程序和条件，确定特邀调解组织和特邀调解员，并对名册进行管理。

第三条 经人民调解委员会、特邀调解组织或者特邀调解员调解达成民事调解协议的，双方当事人可以自调解协议生效之日起三十日内共同向人民法院申请司法确认。

第四条 司法确认案件按照以下规定依次确定管辖：

（一）委派调解的，由作出委派的人民法院管辖；

（二）当事人选择由人民调解委员会或者特邀调解组织调解的，由调解组织所在地基层人民法院管辖；当事人选择由特邀调解员调解的，由调解协议签订地基层人民法院管辖。

案件符合级别管辖或者专门管辖标准的，由对应的中级人民法院或者专门人民法院管辖。

三、完善小额诉讼程序

第五条 基层人民法院审理的事实清楚、权利义务关系明确、争议不大的简单金钱给付类案件，标的额为人民币五万元以下的，适用小额诉讼程序，实行一审终审。

标的额超出前款规定，但在人民币五万元以上、十万元以下的简单金钱给付类案件，当事人双方约定适用小额诉讼程序的，可以适用小额诉讼程序审理。

适用小额诉讼程序审理的案件，人民法院应当向当事人告知审判组织、审理期限、审理方式、一审终审等相关事项。

第六条 下列案件，不适用小额诉讼程序审理：

（一）人身关系、财产确权纠纷；

（二）涉外民事纠纷；

（三）需要评估、鉴定或者对诉前评估、鉴定结果有异议的纠纷；

（四）一方当事人下落不明的纠纷；

（五）其他不宜适用小额诉讼程序审理的纠纷。

第七条　适用小额诉讼程序审理的案件，经人民法院告知放弃答辩期间、举证期限的法律后果后，当事人明确表示放弃的，人民法院可以直接开庭审理。

当事人明确表示不放弃答辩期间的，人民法院可以在征得其同意的基础上，合理确定答辩期间，但一般不超过七日。

当事人明确表示不放弃举证期限的，可以由当事人自行约定举证期限或者由人民法院指定举证期限，但一般不超过七日。

第八条　适用小额诉讼程序审理的案件，可以比照简易程序进一步简化传唤、送达、证据交换的方式，但不得减损当事人答辩、举证、质证、陈述、辩论等诉讼权利。

适用小额诉讼程序审理的案件，庭审可以不受法庭调查、法庭辩论等庭审程序限制，直接围绕诉讼请求或者案件要素进行，原则上应当一次开庭审结，但人民法院认为确有必要再次开庭的除外。

第九条　适用小额诉讼程序审理的案件，可以比照简易程序进一步简化裁判文书，主要记载当事人基本信息、诉讼请求、答辩意见、主要事实、简要裁判理由、裁判依据、裁判主文和一审终审的告知等内容。

对于案情简单、法律适用明确的案件，法官可以当庭作出裁判并说明裁判理由。对于当庭裁判的案件，裁判过程经庭审录音录像或者庭审笔录完整记录的，人民法院在制作裁判文书时可以不再载明裁判理由。

第十条　适用小额诉讼程序审理的案件，应当在立案之日起两个月内审结，有特殊情况需要延长的，经本院院长批准，可以延长一个月。

第十一条 适用小额诉讼程序审理的案件，出现下列情形之一，符合适用简易程序审理条件的，裁定转为简易程序审理：

（一）当事人认为案件不符合本办法第五条、第六条关于小额诉讼程序适用条件的规定，向人民法院提出异议，经审查认为异议成立的；

（二）当事人申请增加或者变更诉讼请求、追加当事人，致使案件标的额在人民币五万元以上、十万元以下，且一方当事人不同意继续适用小额诉讼程序的；

（三）当事人申请增加或者变更诉讼请求、追加当事人，致使案件标的额在人民币十万元以上或者不符合小额诉讼程序适用条件的；

（四）当事人提出反诉的；

（五）需要鉴定、评估、审计的；

（六）其他不宜继续适用小额诉讼程序的情形。

适用小额诉讼程序审理的案件，审理中发现案情疑难复杂，并且不适宜适用简易程序审理的，裁定转为普通程序审理。由小额诉讼程序转为简易程序审理的案件，一般不得再转为普通程序审理，但确有必要的除外。

适用小额诉讼程序审理的案件，转为简易程序或者普通程序审理前，双方当事人已确认的事实，可以不再举证、质证。

四、完善简易程序规则

第十二条 事实清楚、权利义务关系明确的简单案件，需要公告送达的，可以适用简易程序审理。

第十三条 适用简易程序审理的案件，人民法院可以根据案件情况，采取下列方式简化庭审程序，但应当保障当事人答辩、举证、质证、陈述、辩论等诉讼权利：

（一）开庭前已经通过庭前会议或者其他方式完成当事人身份核实、权利义务告知、庭审纪律宣示的，开庭时可以不再重复；

（二）经庭前会议笔录记载的无争议事实和证据，可以不再举证、质证；

（三）庭审可以直接围绕诉讼请求或者案件要素进行。

第十四条 适用简易程序审理的案件，人民法院可以采取下列方式简化裁判文书：

（一）对于能够概括出案件固定要素的，可以根据案件要素载明原告、被告意见、证据和法院认定理由、依据及裁判结果；

（二）对于一方当事人明确表示承认对方全部或者主要诉讼请求的、当事人对案件事实没有争议或者争议不大的，裁判文书可以只包含当事人基本信息、诉讼请求、答辩意见、主要事实、简要裁判理由、裁判依据和裁判主文。

简化后的裁判文书应当包含诉讼费用负担、告知当事人上诉权利等必要内容。

第十五条 人民法院适用简易程序审理的案件，应当在立案之日起三个月内审结。有特殊情况需要延长的，经本院院长批准，可以延长一个月。

五、扩大独任制适用范围

第十六条 基层人民法院适用小额诉讼程序、简易程序审理的案件，由法官一人独任审理。

基层人民法院审理的事实不易查明，但法律适用明确的案件，可以由法官一人适用普通程序独任审理。

第十七条 基层人民法院审理的案件，具备下列情形之一的，应当依法组成合议庭，适用普通程序审理：

（一）涉及国家利益、公共利益的；

（二）涉及群体性纠纷，可能影响社会稳定的；

（三）产生较大社会影响，人民群众广泛关注的；

（四）新类型或者疑难复杂的；

（五）与本院或者上级人民法院已经生效的类案判决可能发生冲突的；

（六）发回重审的；

（七）适用审判监督程序的；

（八）第三人起诉请求改变或者撤销生效判决、裁定、调解书的；

（九）其他不宜采用独任制的案件。

第十八条 第二审人民法院审理上诉案件应当组成合议庭审理。但事实清楚、法律适用明确的下列案件，可以由法官一人独任审理：

（一）第一审适用简易程序审理结案的；

（二）不服民事裁定的。

第十九条 由法官一人独任审理的第一审或者第二审案件，审理过程中出现本办法第十七条第（一）至（五）项或者第（九）项所列情形之一的，人民法院应当裁定组成合议庭审理，并将合议庭组成人员及相关事项书面通知双方当事人。

由独任审理转为合议庭审理的案件，审理期限自人民法院立案之日起计算，已经作出的诉讼行为继续有效。双方当事人已确认的事实，可以不再举证、质证。

第二十条 由法官一人独任审理的上诉案件，应当开庭审理。

没有提出新的事实、证据的案件，具备下列情形之一的，独任法官经过阅卷、调查或者询问当事人，认为不需要开庭的，可以不开庭审理：

（一）不服民事裁定的；

（二）上诉请求明显不能成立的；

（三）原判决认定事实清楚，但适用法律明显错误的；

（四）原判决严重违反法定程序，需要发回重审的。

六、健全电子诉讼规则

第二十一条 人民法院、当事人及其他诉讼参与人可以通过信息化诉讼平台在线开展诉讼活动。诉讼主体的在线诉讼活动，与线下诉讼活动具有同等效力。

人民法院根据技术条件、案件情况和当事人意愿等因素，决定是否采取在线方式完成相关诉讼环节。

第二十二条 当事人及其他诉讼参与人以电子化方式提交的诉讼材料和证据材料，经人民法院审核通过后，可以直接在诉讼中使用，不再提交纸质原件。人民法院根据对方当事人申请或者案件审理需要，要求提供原件的，当事人应当提供。

第二十三条 人民法院开庭审理案件，可以采取在线视频方式，但符合下列情形之一的，不适用在线庭审：

（一）双方当事人明确表示不同意，或者一方当事人表示不同意且有正当理由的；

（二）双方当事人均不具备参与在线庭审的技术条件和能力的；

（三）需要现场查明身份、核对原件、查验实物的；

（四）人民法院认为存在其他不宜适用在线庭审情形的。

仅一方当事人选择在线庭审的，人民法院可以根据案件情况，采用一方当事人在线、另一方当事人线下的方式开庭。

采用在线庭审方式审理的案件，审理过程中出现上述情形之一的，人民法院应当将案件转为线下开庭方式审理。已完成的在线庭审活动具有法律效力。

第二十四条 经受送达人同意，人民法院可以通过中国审判流程信息公开网、全国统一送达平台、传真、电子邮件、即时通讯账号等电子方式送达诉讼文书和当事人提交的证据材料。

具备下列情形之一的，人民法院可以确定受送达人同意电子送达：

（一）受送达人明确表示同意的；

（二）受送达人对在诉讼中适用电子送达已作出过约定的；

（三）受送达人在提交的起诉状、答辩状中主动提供用于接收送达的电子地址的；

（四）受送达人通过回复收悉、参加诉讼等方式接受已经完成的电子送达，并且未明确表示不同意电子送达的。

第二十五条 经受送达人明确表示同意，人民法院可以电子送达判决书、裁定书、调解书等裁判文书。当事人提出需要纸质裁判文书的，人民法院应当提供。

第二十六条 人民法院向受送达人主动提供或者确认的电子地址进行送达的，送达信息到达电子地址所在系统时，即为送达。

受送达人同意电子送达但未主动提供或者确认电子地址，人民法院向能够获取的受送达人电子地址进行送达的，根据下列情形确定是否完成送达：

（一）受送达人回复已收到送达材料，或者根据送达内容作出相应诉讼行为的，视为完成有效送达；

（二）受送达人的电子地址所在系统反馈受送达人已阅知，或者有其他证据可以证明受送达人已经收悉的，推定完成有效送达，但受送达人能够证明存在系统错误、送达地址非本人使用或者非本人阅知等未收悉送达内容的情形除外。

完成有效送达的，人民法院应当制作电子送达凭证。电子送达凭证具有送达回证效力。

七、附　　则

第二十七条　本办法仅适用于北京、上海市辖区内中级人民法院、基层人民法院，南京、苏州、杭州、宁波、合肥、福州、厦门、济南、郑州、洛阳、武汉、广州、深圳、成都、贵阳、昆明、西安、银川市中级人民法院及其辖区内基层人民法院，北京、上海、广州知识产权法院，上海金融法院，北京、杭州、广州互联网法院。

本办法所称的人民法院，是指纳入试点的人民法院；所称的第二审人民法院，包括纳入试点的中级人民法院、知识产权法院和金融法院；所称的中级人民法院、基层人民法院包括试点地区内的铁路运输中级法院和基层法院。

第二十八条　试点地区高级人民法院根据本办法，结合工作实际，制定具体实施方案和相关制度规定，并于2020年2月10日前报最高人民法院备案。

试点地区高级人民法院在制定实施方案、修订现有规范、做好机制衔接的前提下，组织试点法院自本法印发之日起全面启动试点工作，试点时间二年。2021年1月1日前，试点地区高级人民法院应当形成试点工作中期报告报最高人民法院。

第二十九条 本办法由最高人民法院负责解释。

第三十条 本办法报全国人民代表大会常务委员会备案，自发布之日起实施；之前有关民事诉讼制度规定与本办法不一致的，按照本办法执行。